聖徳太子と播磨

播磨学研究所◉編

聖徳太子二王子二天像（鶴林寺蔵）

鶴林寺　太子堂

鶴林寺　太子堂内　（鶴林寺提供）

聖徳太子坐像及び二王子立像（鶴林寺蔵）

鶴林寺　本堂

斑鳩寺　三重塔

斑鳩寺　聖徳殿奥殿（八角堂）

聖徳太子勝鬘経講讃図（斑鳩寺蔵）

聖徳太子絵伝（第三幅）より、勝鬘経講讃の場面（斑鳩寺蔵）

聖徳太子絵伝　第一幅（斑鳩寺蔵）

聖徳太子絵伝（八幅本）　第一幅（鶴林寺蔵）

鶴林寺太子堂荘厳画想定復元模写「九品来迎図」(壁画表面)

鶴林寺太子堂荘厳画想定復元模写「涅槃図」(壁画裏面)

(いずれも高木かおり氏制作、鶴林寺蔵)

聖徳太子と播磨◎目次

＊本書は播磨学特別講座「聖徳太子と播磨」（２０２２年5月～11月）をもとに構成したものです。

聖徳太子の人物像と太子信仰

東野 治之

◎――聖徳太子の一般的イメージ

聖徳太子は五七四年に誕生し、六二二年に亡くなった飛鳥時代の皇族で、推古天皇の甥であり、父親は用明天皇です。生前の功績を称えて死後に贈られる名前を諡《おくりな》といいますが、「聖徳太子」は漢文で付けられた中国風の諡で、存命中の名前は「厩戸《うまやと》のみこ」でした。

じつは諡を使うのはよくないという考え方もあるのですが、当時の名前をすべて復活させるのは難しく、例えば天皇の名前は諡ですが、推古天皇を「額田部《ぬかたべ》皇女」と生前の名前に言い換えるのは不便ですし、諡での呼称が一般的になっています。聖徳太子についても諡を使って話を進めたいと思います。

まず、聖徳太子がどういう人物として一般に受け取られているか、太子の人物像の一般的イメージについて見ていきます。

『日本書紀』（七二〇年）によると、推古天皇が即位した直後、聖徳太子は皇太子となり、摂政となって政治を行ったとされています。摂政という言葉は出てきませんが「録攝政」（政《まつりごと》を録摂す）とあるので、つまり摂政ということです。そして有力な豪族であった蘇我氏の横暴を抑え、天皇中心の政治を目指しました。「和を以って貴しとなし」という言葉で有名な十七条憲法を作り、和の精神を説いたとも言われます。

対外的には、当時、大陸に興っていた隋という王朝に遣隋使を派遣して国交を開きました。それ以前、古墳時代の五世紀後半から百年くらいの間、中国との直接の関係は絶えていたのですが、太子がそれを復活させたわけです。そして対等な外交関係を主張したと言われています。

また、太子は中国文化に造詣が深く、先進の中国文化を積極的に受け入れました。特に仏教ですが、十七条憲法を見ますと仏教以外の中国の思想、儒教や法家なども取り入れています。経典の講義や注釈を行うなど卓抜した智力を持ち、大変賢い人であったと言われ、一時に十人の訴えを聞いたという有名な逸話もあります。

こういった太子像がまさに一般的イメージだと思いますが、じつはこれは明治以降に『日本書紀』をもとにして作られた人物像です。太子が摂政であったことを前提に、推古天皇の時代に行われたことはすべて太子の業績であり、摂政は天皇大権の代行者として天皇の仕事を行うのだから、太子が天皇であったのと同じであると考えられました。そこから発想されたのが政治・外交・文化の各方面で活躍した万能の偉人という太子像であり、明治以降に一般化されて現在に至っています。

太子信仰というと太子を観音菩薩として祀る中世の信仰を指すことが多いのですが、今回は中世の太子信仰だけでなく、近代になってからの新しい聖徳太子信仰についても重点を置いてお話ししようと思っています。つまり、実際に起こった歴史上の出来事とは違うことが一般的イメージとして普及している。これは新しい太子信仰といえるのではないか、というのが私の見解です。ですから今日の話は、聖徳太子のイメージを壊されたと思われる方もあるかもしれませんが、実際の太子はこうだったということを知っていただいたうえで、聖徳太子という人物のことを考えていただきたいと思っています。

◎——実在の聖徳太子

それでは実際の太子はどんな人物だったのだろうと考えると、この問題は非常に難しく、なかなかわかっていません。まず、『日本書紀』に書かれている「摂政」、「皇太子」ということは歴史的には事実ではありません。推古朝にはまだ皇太子という制度が存在しておらず、「皇子」という称号もありませんでした。天皇の子供も天皇の孫もそれ以降の皇族もすべて「王（ミコ）」と呼ばれていました。皇太子が歴史に登場するのは太子が亡くなってから約百年後の六百年代の終わりです。日本に律令制が整備されるなかで条文が立てられ、皇太子制度が定まりました。持統天皇が孫の文武天皇を浄御原令《きよみはらりょう》に基づいて皇太子にしたのが、日本史上、最初の皇太子です。

また、太子は二十歳くらいの年齢で皇太子になったというのに、どうして天皇にならなかったのだろう、という疑問を耳にすることがあるのですが、飛鳥時代には実力のある人でなければ天皇として認められませんでした。ですから当時の天皇が即位した年齢を見ると中年以上で、二十歳前後の若い人はいません。天皇の位を直系で継承すると子供が若い年齢で継ぐことになるので、どうしても臣下の補佐を得るか、あるいは先の天皇が指図をするということになります。文武天皇も即位してから数年間は祖母である持統天皇が背後に控えていました。ですが、飛鳥時代の皇位は傍系で継承され、天皇の弟、妹が皇位を継いでいます。ある程度年齢も高く実力のある人が天皇になって自ら政治を執るという時代でした。太子は天皇になるにはまだ若すぎたのです。また、後の即位が定まっていたわけでもないので、太子は「皇太子」ではありませんでした。

それから「摂政」についてですが、『日本書紀』には、推古天皇がこういう詔を出したとか、推古天皇が太子と蘇我馬子に命じてこういうことをさせた、という記述があります。それは太子が摂政であるなら太子が命令したという記述であっていいわけですが、天皇が前面に出て命令している。つまり、太子が政治をすべて仕切っていたのではないということです。『日本書紀』にさえ、そういうふうに書かれていますので、太子の「摂政」というのも実態は違ったわけです。

このように太子をめぐる史料のすべてを信用できるわけではなく、内容を検証していく史料批判が必要です。ところが、史料を批判して、これは事実ではないという皮を剥いでいくと、最後には聖徳太子その人がいなくなってしまった、ということにもなります。歴史学者の大山誠一さんは、聖徳太子はいなかったという説を力説され、「厩戸王」という皇族は実在していたが「聖徳太子」ではなかったという結論を導かれました。この大山説は、事実かどうか疑わしいことは即ち事実ではないという論法で、事実ではないという確かな証拠を固めて積み上げた議論ではないのですが、そういう否定説が主張されたこともあります。しかし研究では、史料を疑うばかりでなく、むしろ信用できる史料を探していく作業が大切になります。

◎——太子の実在を裏付ける確かな史料

聖徳太子が実在していたことを裏付ける確かな史料として、法隆寺金堂の釈迦三尊像の光背銘があります。光背の裏面に銘文があり、この像がどういう謂れで作られたかが刻まれています。こういった金属や石に刻まれた文字を金石文といいます。要約しますと、法興三十一年（推古二十九・六二一）十二月に太子の母、間人《はしひと》皇后（用明天皇の皇后）が亡くなり、年が明けて法興三十二年（推古三十・六二二）壬午年二月二十一日に太子の妃、翌二十二日に太子が亡くなったとあります。また、この釈迦像は、太子の病気平癒の願を立てて太子等身の像として制作されることになったのですが、その願いは叶わずに太子は亡くなってしまい、六二三年に菩提を弔う仏像として完成したと書かれています。

この光背銘から、「法興」という年号が実在したこと、太子は「上宮法皇《じょうぐうほうおう》」と呼ばれていたことがわかります。「法皇」は仏教に造詣の深い皇族への敬称です。「法興」は仏法が盛んになるという意味で、そういう時代であってほしいという願いを込めて付けられたのだと思います。この年号は『日本書紀』などには記述がなく、疑う人もあったのですが、この当時に実際に使われていたということが確かめられます。

太子研究では有名な銘文なのですが、実はこれも疑わしいのではないかという議論が盛んになった時期がありました。仏像が作られたのと同時に銘文が刻まれたという証拠がなければ、後から刻まれた可能性もあるということです。釈迦像も新しい時代のものではないかという説もありましたが、これはあまり有力な説ではなく、仏像は古いが銘文は後から刻まれたものだという追刻説が盛んに言われました。

法隆寺の金堂は非常に暗く、しかも仏像の裏側は柵や金網越しに少し見えるくらいなのですが、じつは以前、法隆寺の歴史を執筆するメンバーに加わったときに、特別に内陣へ入り、写真を撮るための明るいライティングのなかで光背を見せていただいたことがあります。すると、それまでは気付かなかったことが目に触れました。それは光背銘がきちんと準備された平面に刻まれているということです。もちろん光背の表側はきれいに仕上げてありますが、裏側はもともと人に見せる部分ではないので凹凸があって平たく整えていません。銘文のスペースだけが平面で、しかも銘文とスペースの大きさが非常によく合っています。像の制作段階において平面が用意されていたことがわかります。また、表側に金メッキをしたときの金が後ろへ飛んで、銘の平面に点々と落ちているのも見えました。つまり銘の追刻説は成り立たないということです。するとこの光背銘は信頼できる史料であり、太子が亡くなった当時の事実と考えていいことになります。

ちなみに、この銘文が、太子の母が亡くなったことから書き出されているのはなぜかと言いますと、母后が十二月に、太子と妃が翌年の二月に亡くなり、この三人がほぼ同時といえるほど短期間のうちに亡くなったことが、三人に付き従っていた周辺の人たちに非常に奇跡的なこととして受け取られたということがあります。銘文の中に「期するがごとく」とあるのですが、三人がまるで示し合わせたように亡くなったのは、一緒に浄土に行かれたのだと信じられました。私たちも一緒に浄土に行きたい、という周辺の人たちの願いが銘文に刻まれています。昨今、それこそ疫病が流行していますが、三人が亡くなったのも疫病ではないかと推測されるかもしれませんが、これはそうではないと思います。疫病でばたばたと人が亡くなっている最中に三人が亡くなったのであれば、周辺の人たちがそれを不思議なこととして、奇跡のように受け取ることはなかったと考えられるからです。

このほかに信憑性の高い史料としては『上宮聖徳法王帝説』という太子の伝記があります。成立は十世紀ですが七世紀の伝承が含まれています。ここでは太子のことを「王命（ミコノミコト）」と表しており、これは天皇を補佐して職務の一部を代行した人のことです。他に中大兄皇子や草壁皇子なども「王命」とされています。将来の即位への含みもあり、おそらく『日本書紀』は「王命」を摂政皇太子と読み替えたのだろうと思います。中大兄皇子が後に天智天皇になったように、太子も後に天皇になる可能性はあった人ですが、それを待たずして早くに亡くなってしまいました。それから『帝説』には、太子が蘇我馬子と共同で推古天皇の政治を助けたとあります。つまり、太子は王命として豪族たちの補佐を受けて天皇を助けたというのが実態であり、やはり、摂政皇太子として一人で政治を執っていたわけではありません。

また、『日本書紀』に太子が十七条憲法を作ったとありますが、内容から考えてこれはやはり太子の作でいいのではないかと思います。天皇の命令に従いなさいという第三条よりも先に、第二条に「篤く三宝を敬え」とあり、仏教を信仰しなさいと言っています。後人が文章に手を入れた可能性もあるのですが、あとの時代の制作なら第三条が先にくるはずで、全体としては、十七条憲法はいかにも太子の作であると考えられます。

それから、太子が外交に直接関与した形跡は見られません。遣隋使を派遣したという記述や遣隋使の答礼の使いが来たときに太子がいたという記述もないため、外交への関与は非常に間接的だったのではないかと思います。

結論としては、太子はアドバイザーだった、というのが私のイメージです。表に出て政治を切り回したということではなく、仏教や中国文化への深い知識を用いて政策提言をするという役割だったのではないかと考えています。一般的イメージに反して、実在の太子は万能の人ではなかったわけです。

◎——江戸時代までの太子像と近代

平安時代の十世紀、太子の伝承が数多く集められた『聖徳太子伝暦《でんりゃく》』という有名な伝記が成立しました。この『伝暦』を核に太子の仏教的な人物像が増幅されていきます。例えば、母后が自分の体内に「金人」が入ったという夢を見て懐妊したのが太子であり、太子は観音の生まれ変わりである、という話があります。それから、太子が二歳の時に手から舎利がこぼれ落ちたという話や、将来どこに都が遷るかを予知したという話もあります。太子は予知能力を備えた超人である、あるいは観音の生まれ変わりですから人間ではなく仏様であるというように、いわゆる太子信仰というものが作り上げられました。

当然、太子は仏教の保護者であり、四十六カ寺を建立したのも太子だとされました。その根拠とされたのは『日本書紀』ですが、推古天皇の末、四十六の寺院が中央にあったと書かれており、これは太子の時代に建てられたのだから太子が建てたのだ、というふうに拡大解釈がされたわけです。

こういった太子像の理想化はそもそも七世紀末から始まっていました。六七〇年に火災によって焼失した法隆寺は、七世紀末に再建されたのですが、その本尊の薬師如来像の光背銘に太子のことが「聖王」「東宮」と刻まれています。八世紀初頭のものである法起寺塔露盤銘には「聖徳皇」とあり、その頃すでに聖徳という諡が付けられて偉大な人とされていたことがわかります。『播磨国風土記』にも「聖徳王」とあり、奈良時代に成立した『懐風藻《かいふうそう》』には「聖徳太子」という表記が初出しました。「王」「皇」という漢字は「ミコ」という和語に対する当て字で、より画数の多い字で書くほうが敬意を表していることになるため「皇」の字を書くこともありますが、意味としては変わりません。

ちなみにこれは裏話ですが、先年、奈良国立博物館で催された特別展に法隆寺薬師如来像が出陳されました。これは初めてのことだと博物館の方も張り切っておられたのですが、いや初めてではありませんよと言って私が水をかけてしまいました。明治の初めに開催された奈良博覧会に出陳されたという記録が残っています。お寺の方たちは、寺外に貸し出した前例があったということで非常に肩の荷が下りたと仰っていました。

やがて江戸時代に入りますと、太子に対する批判が出てきます。その一番の論点は、蘇我馬子の指示によって崇峻天皇が暗殺されたことを知りながら、太子は馬子と一緒に政治をしていたということです。太子は蘇我氏を罰することもせず何もしなかったということで、国学や神道からはナショナリズムの観点から許せないという非難、儒教からは皇帝にあたる人を蔑《ないがし》ろにしたという名分論による非難が起こりました。しかし、総じて太子はやはり敬愛され信仰を集めていました。

明治維新後は近代的な歴史学の興隆による見直しが進み、伝承は迷信であって史実ではない、『聖徳太子伝暦』はまったく当てにならない伝記だということで権威が失墜しました。歴史家の久米邦武、仏教学者の薗田宗恵などによって新しい聖徳太子の伝記が書かれ、その中で『上宮聖徳法王帝説』が再発見されます。

また、ギリシャローマの歴史を金石文で組み立てていくという西洋の研究手法が入ってきたため、仏像の銘文など金石文が無条件に高く評価されるようになりました。銘文に書いてあることを全て史実であると認めてしまったのですが、全部が信頼できる史料ではないわけです。例えば、法隆寺再建時の造立とみられる薬師像光背銘を根拠に、法隆寺の創建は推古天皇十五年だと断言するというようなことが起こりました。

それから明治期には、太子信仰の中核となる法隆寺の文化財が、経済的な困窮によって皇室に献上され、太子が幼いころに使ったとされる品物や前世で持っておられた品物など、伝承が付いた文化財のほとんどが東京へ移されました。明治十五年（一八八二）に「法隆寺献納御物」として当時の帝国博物館に収蔵され、現在そのほとんどは「法隆寺献納宝物」として東京国立博物館に所蔵されています。

『聖徳太子伝暦』は否定されましたが、現在まで影響が残っている部分もあります。以前には「上宮法皇」「上宮王」「聖徳皇」「聖徳法王」「聖徳皇太子」というように多くの呼称があったのですが、『伝暦』によって「聖徳太子」という呼称が一般化されました。また、『伝暦』にはいろいろな話が付け加えられていますが、根底にあるのは『日本書紀』の太子観です。明治期の見直しでは『伝暦』の迷信的な部分だけが否定され、『日本書紀』の太子観は否定されずに現在まで存続しています。

◎――一千三百年御忌奉賛会から聖徳太子奉讃会へ

太子信仰の研究といえば、中世から近世にかけての展開と『伝暦』の研究がほとんどなのですが、もう一つの太子信仰として大正期以降の動きを考えていく必要があると思います。この時期の動きは現在にも大きな影響を及ぼしているのですが、あまり太子研究の中で注目されてきませんでした。大正時代に入ると、いろいろと新しい動向が出てきます。

まず、大正十年（一九二一）が太子の一三〇〇年御忌に当たる、ということが盛んに言われるようになります。太子が亡くなったのは六二二年二月二十二日ですが、『日本書紀』では六二一年二月五日としています。これは間違いと言っていいと思いますが、この年月日がどう導き出されたのかは謎です。『日本書紀』では推古朝に一年の欠けがあり、それでずれてきたのかとも思いますが、その理由もわかっていません。大正期には『日本書紀』に基づいて一九二一年が一三〇〇年御忌とされました。年忌法要は一年早く行うという仕来りも影響したといわれます。その百年後の二〇二一年は一四〇〇年御忌ということで、法隆寺など各地で御忌が行われましたが、二〇二二年に一四〇〇年御忌を行った四天王寺などのお寺もありました。各地で一四〇〇年記念行事が去年から今年にまたがって行われていたのはそういう理由です。

大正二年（一九一三）、一三〇〇年御忌を視野に「法隆寺会」という会が発足しました。当時、法隆寺は飛鳥時代に聖徳太子が創建したそのままの姿で残っているのだという説と、火災で焼けて再建されているという説とが対立していたのですが、この「法隆寺会」は、その頃の主流派であった創建のままだという説の人たちが集まって、法隆寺を守っていこうという会でした。確かに、文化財や建築が奇跡的に残っている法隆寺は他に類を見ない世界遺産です。資金を集めて保存を万全にしていこうという会だったのですが、その後、太子の一三〇〇年御忌を盛大に行おうという活動に発展し、大正七年（一九一八）に「聖徳太子一千三百年御忌奉賛会」が設立されました。この会の中心となったのは、黒板勝美、高嶋米峰、高楠順次郎、伊東忠太、正木直彦など、当時の各分野の著名な学者たちです。黒板勝美は日本史の基礎史料を集成した『国史大系』叢書を刊行した日本史学者で、文化財の保存運動にも熱心でした。さらに皇族、華族、官僚、実業家らが参加し、一三〇〇年御忌は単なる記念行事ではなく国民運動のような色彩を帯びていました。会長は紀州徳川家の当主・徳川頼倫《よりみち》、副会長は渋沢栄一です。

ちなみに、奉賛会の立ち上げについてのおもしろいエピソードがあります。黒板勝美や高嶋米峰が、渋沢栄一のところへ会長になって下さいと頼みに行ったのですが、その要請を渋沢は即座に断ります。渋沢栄一は幕末に農民から武士になり、武士の教養として水戸学を学びました。水戸学は勤皇思想、天皇家が大切だという考えなので、聖徳太子は崇峻天皇の暗殺を傍観した、けしからんやつだということになります。ですから渋沢は即座に断ったのですが、黒板と高嶋は一時間余り、太子の弁護をしたそうです。太子はなるほど馬子と共に政治を行ったけれども、馬子が皇室に取って代わろうとしなかったのは太子が感化して抑えていたからだ、といった話を説き聞かせたのではないかと思います。それを聞いた渋沢は、よくわかった、それなら引き受けましょう、ただし自分は副会長になり会長には然るべき人を、と言って徳川頼倫を推薦したそうです。

このエピソードは有名ですが、これは渋沢栄一の芝居だと私は思っています。つまり、いったん断って説明を聞くことで、この会の性質を判断する材料にしたのではないかと思います。実は、明治の末に茨城県水戸の善重寺の聖徳太子像（鎌倉時代の作、重要文化財）を祀るお堂が再建されたのですが、その時の寄付金の帳簿が残っており、渋沢家の執事が署名して判を押していますか。ですから、渋沢が太子に反感を持っていたというのはどうも疑わしいのですが、非常にドラマティックなエピソードではあります。

「一千三百年御忌奉賛会」は御忌に向けた啓発活動を行い、超人的な太子像を宣伝しました。特に、隋の煬帝に対して対等の関係を主張して中国に膝を屈しなかった、という話が取り上げられ、この時代特有の国粋主義的な色彩を濃厚に色付けした太子像が広められていきました。十七条憲法についても、「和を以て貴しとなし」という平和主義的な側面ではなく、むしろ「詔を承けては必ず謹め」という方面に重点が置かれました。そして、太子が理想とした皇室中心の政治が大化改新で実現した、大化改新は蘇我氏を打倒して皇室が復権を果たした王政復古であり、明治維新の先駆けだったのだ、という史観を打ち出します。奉賛会は一つの民間団体としての活動を超えた影響力を持ち、国定教科書の記述にも影響を及ぼします。奉賛会の主張が教科書に載ることで公のものとして認められるようになり、新たな太子信仰が創出されていきました。

一三〇〇年御忌の法要は大正十年（一九二一）四月十一日から十七日の一週間にわたって盛大に行われ、入れ替わり立ち代わり有名人が訪れたそうです。また、奉賛会の総裁として宮様を戴くことになり、香淳皇后の父君である久邇宮邦彦王《くにのみやくによしおう》が総裁になりました。

この一三〇〇年御忌のための資金集めでは予算をはるかに超える額が集まったため、これを基金として、大正十三年（一九二四）、「一千三百年御忌奉賛会」は財団法人「聖徳太子奉讃会」となり、恒常的に活動をしていくことになります。講演会の開催やラジオ放送、法隆寺などの遺跡の保護、五十年毎の遠忌法要、太子研究への手厚い奨学金の支給、太子が施療施薬をしたという伝承に倣って無料診療の福祉事業も行われました。法隆寺では裏山の貯水池から水圧で水を噴出させる防火施設を造るのを助け、これが現在も使われています。テレビ等で法隆寺の放水訓練の場面が放映されることがありますが、あれはこの設備を使っているのです。

聖徳太子奉讃会は戦後も事業を続けましたが、平成十年（一九九八）、全財産を細川家の永青文庫に寄付して解散となります。解散時の総裁は久邇邦昭、会長は細川護貞でした。

◎――昭和天皇と聖徳太子

「聖徳太子奉讃会」の果たした役割を考えるうえで、昭和天皇との関わりも無視できません。大正十年（一九二一）十一月二十五日、裕仁皇太子（後の昭和天皇）が摂政に就任します。摂関家の藤原氏が摂政に就くようになって皇族から摂政が立てられることはなくなり、裕仁皇太子は七世紀以来の皇族摂政でした。その頃、裕仁皇太子と聖徳太子をパラレルな関係として見るという風潮が形成されたように思います。皇太子の摂政就任を受けて、三上参次という帝国学士院会員だった日本史学者が、飛鳥時代以来なかったことだという談話を出し（東京日日新聞大正十年十一月二十五日）、翌十二月には聖徳太子奉讃会で和田英松という日本史学者が「聖徳太子の摂政に就いて」という講演を行っています。

昭和五年（一九三〇）、昭和になって最初の紙幣である日本銀行兌換券百円が発行されました。これは当時の最高額面紙幣であり、聖徳太子の肖像が表面に描かれていました。摂政皇太子だった昭和天皇と太子のイメージが重ね合わされたのだと思います。明治二〇年（一八八七）には太子が紙幣肖像に取り上げるべき候補者の一人に選定されていたのですが、採用には至っていませんでした。その後、裕仁皇太子が摂政に就いた時期から百円札のデザインの改定ということが発言され考え出されるようになったという経緯があり、やはり、昭和天皇と聖徳太子とがダブルイメージで考えられていたようです。

こうした太子顕彰の高まりと並行して、法隆寺会以来の懸案だった法隆寺の保存も、実現に向けて動き出します。昭和九年（一九三四）に始まった法隆寺国宝保存事業（いわゆる昭和大修理）がそれです。「聖徳太子の寺」を守り伝えるためのこの事業は、当時の文部省内に法隆寺保存事業部を置き、文部大臣に次ぐ文部事務次官が部長を兼ねるという、破格の保存事業でした。その完成は大戦を挟んで昭和二十九年までかかりましたが、その最終段階になって起きたのが、金堂初層の火災と壁画の損傷でした。いわば国家の威信を掛け、戦禍をさえ免れたこの事業が、こういう結末を迎えたことは大きなショックを与えたようです。火災の翌年、すぐさま関連法規が見直され、文化財や史跡、自然遺産や無形文化財まで、包括的に保護するための文化財保護法が制定されたのは、その表れと言えるでしょう。

◎——敗戦後も生き延びた「偉人」

戦前、非常に国粋主義的な色付けをされた太子像が宣伝されていたにも関わらず、戦後になっても聖徳太子は偉人というイメージが一般に残りました。十七条憲法の「和を以て貴しとなし、忤《さから》うこと無きを宗《むね》となせ」という第一条がとりわけ強調されるようになり、平和主義と結びつけられます。歴史的には、太子が説いた和というのは豪族間の争いを起こさないようにという朝廷内での和であって、決して世界平和とか社会の平和について言っているわけではありません。そういった本来の趣旨が平和主義に読み替えて捉えられるようになりました。また、昭和二十五年（一九五〇）には、当時の最高裁の大法廷に、太子の事績が描かれた壁画三面「間人皇后御慈愛」「聖徳太子憲法御制定」「聖徳太子御巡国」（堂本印象制作）が設置されました。太子は戦前のイメージを取り替えて、敗戦後も「偉人」として生き延びたわけです。

戦後に変化した太子像というのは冒頭で述べたような太子の一般的イメージですが、それは元をたどれば『日本書紀』の摂政皇太子という解釈を前提にしています。一三〇〇年御忌を契機に全国的に流布された太子像によって、国民がおしなべて聖徳太子を敬愛するようになり、戦後は平和的なイメージに少し軌道修正されましたが、やはり偉人としての太子像が受け継がれて現在に至っています。

このような近代に新しく形成された太子信仰をどのように解釈するかは自由ですし、仏教的な偉人としての太子像を信仰として見るのも自由です。しかし、それを歴史的な事実として考えるのは正しくないし、一般的にイメージされているような「聖徳太子」は存在しなかったということをご理解いただければと思います。この講演を聞いて太子のイメージを壊されたと思われた方もおられるかもしれませんが、歴史を研究している者としましては、こういった歴史的ないきさつを申し上げておきたいという気持ちがありまして、お話しさせていただきました。

〈参考文献〉

大山誠一『〈聖徳太子〉の誕生』吉川弘文館、一九九九年
薗田宗恵『聖徳太子』仏教学会、一八九五年
久米邦武『聖徳太子実録』丙午出版社、一九一九年（『上宮太子実録』一九〇五年の再版）
高嶋米峰『聖徳皇太子』聖徳太子奉讃会、一九二一年
和田英松「聖徳太子の摂政に就いて」『国史説苑』明治書院、一九二九年
増山太郎編著『聖徳太子奉讃会史』永青文庫、二〇一〇年
吉村武彦『聖徳太子』岩波新書、二〇〇二年
東野治之『聖徳太子　ほんとうの姿を求めて』岩波ジュニア新書、二〇一七年

播磨地域の聖徳太子像について

石川　知彦

今回の講座では、まず聖徳太子信仰の歴史とそれに伴う造像についてお話しした上で、さまざまな姿で作られてきた聖徳太子像の種類を確認しておきます。そしてそれぞれの姿の太子像を見ていく中で、播磨地域に現存する太子像を解説していきたいと思います。

◎――聖徳太子信仰の歴史と造像

聖徳太子に対する信仰は、太子の死後、しばらく経ってから生まれました。太子が建立したとされる法隆寺や四天王寺周辺で発生し、法隆寺金堂の本尊・釈迦如来坐像や、同じく法隆寺夢殿の本尊・救世観音立像は、太子と等身大に造られたと銘文などに記されていますが、信仰が一般に広がったわけではなく、太子を慕う私的な範囲にとどまっていました。

すなわち飛鳥・白鳳時代では、太子の「肖像」は作られておらず、太子等身とされる釈迦如来や救世観音が作られていました。後述する『聖徳太子伝暦』には、太子の薨去後、蘇我馬子が太子像の前に跪く自らの姿を描かせたと記され、その様子が、加古川市鶴林寺の聖徳太子絵伝（重要文化財、南北朝時代）に描かれていますが、これは後世に成立した伝承と思われます。

ほかに太子の薨去（六二二年）後に、その冥福を祈って製作された天寿国繡帳《てんじゅこくしゅうちょう》（中宮寺蔵）が現存し、その翌年新羅国から献上された仏像が、京都・太秦広隆寺の本尊・弥勒菩薩半跏像とされています。ただしこの時、舎利や金銅製の塔なども献上されて四天王寺に納められましたが、こちらは現存していません。

その後奈良時代に入ると、初めて太子の像が絵画・彫刻として作られ、太子の伝記である太子伝とともに、太子絵伝が制作されています。すなわち天平勝宝六年（七五四）、四天王寺に参詣した鑑真が「太子之像」に拝謁したと、『唐大和上東征伝《とうだいわじょうとうせいでん》』に記されています。また天平宝字五年（七六一）に成立した『法隆寺東院資材帳』には、太子「法王像」を描いた勝鬘経《しょうまんぎょう》の存在が記載されています。そして宝亀二年（七七一）には『四天王寺障子伝』（『七代記』）が成立しますが、これはそれ以前に四天王寺の絵堂に描かれた太子絵伝との関連で注目されており、この頃には各種の太子伝（聖徳太子の伝記）が編纂されていました。平安時代に入った延暦二十二年（八〇三）頃までに、四天王寺五重塔初層に太子三尊像等の壁画が描かれていたことが、四天王寺の史料に記されています。このように奈良時代には太子像、太子絵伝が確実に制作されていましたが、残念ながら現存する作例はなく、具体的な姿は明らかになりません。

平安時代後期になると、太子像の現存作例が散見されるようになります。現存最古の太子の紀年銘作例となるのが、法隆寺東院絵殿に祀られる木造聖徳太子童形《どうぎょう》坐像（伝七歳像、一〇六九年円快作）であり、同年には秦致貞《はたのちてい》が同じく絵殿に聖徳太子絵伝（東京国立博物館蔵）を描いています。また太子の五百回忌にあたる保安元年（一一二〇）には、仏師頼範が広隆寺上宮王院太子堂に木造聖徳太子童形着装立像を造り、翌年には法隆寺聖霊院に木造聖徳太子四侍者坐像が造立、安置されています。鎌倉時代に入ると、制作年の明らかな様々な姿の太子像が作られていきます。太子六百回忌を経た承久四年（一二二二）には、絵仏師尊智《そんち》が法隆寺舎利殿に太子勝鬘経講讃像《しょうまんぎょうこうさん》を描き、寛元五年（一二四七）には仏師慶禅が、木造聖徳太子孝養《きょうよう》立像を埼玉・天洲寺に造っています。正応五年（一二九二）には木造南無仏太子像《なむぶつたいし》（ハーバード大学蔵）、そして太子七百回忌を目前にした元応元年（一三一九）、仏師湛幸《たんこう》が京都・佛光寺に木造聖徳太子童形立像を制作しています。これら太子像の基準作例は、播磨国に現存する太子像とともに後述します。

この項では最後に、太子建立と伝える寺院がどの地域に、どれほどあるかを確認しておきます。まず九世紀には成立していた『上宮聖徳法王帝説』では「太子建立七寺」として四天王寺、法隆寺、中宮寺、橘寺、蜂丘寺（広隆寺）、池後寺（法起寺）、葛城尼寺（廃寺）の七カ寺を挙げ、鎌倉時代の『太子伝古今目録抄』ではこの七カ寺のほか元興寺、定林寺、百済寺、坂田寺、信貴山、当麻寺（以上大和国）、御廟寺（叡福寺）、野中寺、茨田寺、太平寺、菅田寺（以上河内国）、山城国六角堂頂法寺のほか、近江国瓦屋寺、三河国真福寺、信濃善光寺、出羽国四天王寺など四十六カ寺を挙げています。播磨の寺院はこれらには入っていませんが、中世には各地に太子信仰の拠点寺院が重きをなしていました。例えば摂津国では四天王寺に宝塚の中山寺、河内国では叡福寺、野中寺、大聖勝軍寺（河内三太子）、そして播磨国では鶴林寺と斑鳩寺が重要な太子信仰関係寺院でした。

◎——聖徳太子像の種々相

次に聖徳太子像全般につきまして、その種類と特徴についてお話しします。まず聖徳太子像について、基本的に踏まえておく必要のある点をまとめておきます。

前章でもお話ししましたように、聖徳太子像は太子が亡くなって一〇〇年以上経った八世紀に初めて作られました。それはすなわち、太子像は生前の像主を目の前にして描いた「肖像」ではなく、後世の作者が伝承を踏まえて想像しながら制作した「祖師像」であることです。一般に、日本で最初に作られた「肖像」は鑑真和上像とされていますから、太子像もそうした時期に初めて作られたと考えられます。

次に太子像の特徴としては、現存遺品の量的な豊富さ、そして種類の多さが挙げられます。太子は宗派を越えて信仰されたため、他の祖師像を圧して多く、とくに真宗寺院では、本堂の脇壇（余間）に「七高僧像」とともに必ず太子の掛軸が懸けられています。その結果、制作年代は、大半が近世の制作ということになります。加えて太子は、「日本の釈迦」に準えられたため、仏伝図に倣って太子絵伝が描かれ、釈迦像と同様に各年齢の太子像が、絵伝から独立して個別に制作されていました。そのため太子像には様々な種類があり、これまで様々な視点から太子像の分類が試みられてきました。

太子像は従来、太子伝に基づいた年齢ごとに分類されていました。すなわち二歳像（南無仏像）、七歳像（童形像）、十六歳像（孝養像）、二十二歳以上の姿（摂政像）、三十五歳像（勝鬘経講讃像）などがありました。ただしこの分類では、厳密に何歳の像と特定できない像もあり、そこで服制や持物による分類が付加されました。それが以下の通りの分類です。
①袍衣に袈裟を着ける像：孝養像、勝鬘経講讃像
②合掌して袴をはく像：南無仏太子
③袍衣を着て笏《しゃく》を執る像：摂政像（「唐本御影」を含む）、執笏《しっしゃく》童形像
④馬に跨る騎馬像：馬上太子、黒駒登岳《くろこまとがく》図
この分類によると、①と②が仏教的な祖師像、そして③と④が非仏教的な祖師像ということができます。非仏教的な像の中から、もっとも古く著名な「唐本御影」を、戦前の政府は高額紙幣の画像として選択したと判断されるのです。

そして歴史的な呼称を用いて太子像を分類したのが、「童像」と「霊像」という概念でした。これは藤原頼長の日記『台記』に記される四天王寺の「童像」と「霊像」で、平安後期には四

天王寺に「童像」と「霊像」の二種類の太子像が祀られていたことがわかります。これは太子像を、成人前・成人後に大別する分類法であり、これに年齢を特定できない、すなわち時空を超越した太子像を加えれば、太子像は大きく三種類に分類できることになります。以下ここでは、太子像を三種類に大別しつつ、様々な種類の太子像を概観していきます。その中で、播磨に伝来した種々の太子像をご紹介していきます。

◎――成人前の太子像の種類と播磨の現存作例

(1)南無仏太子像

南無仏太子像は太子二歳像とも呼ばれ、『聖徳太子伝暦』二歳条・東方を向き合掌して南無仏と唱えたという記載に基づきます。像容としては、円頂、すなわち頭を丸めた童形立像で、合掌して緋色の袴を着ける姿とし、太子絵伝から独立して成立しました。伝承も含め、誕生釈迦仏をもとに登場した南無仏太子像は、鎌倉時代における南都を中心とした釈迦信仰、舎利信仰と結び付いて造立が始まったと考えられます。播磨国内には、中世に遡る南無仏太子像は確認されていませんが、神戸市の有馬温泉にある善福寺には、法印湛幸が鎌倉末期に造立した名品（重文）が伝わっています。

⑵太子童形像

前述した「童像」は、成人前の太子像全般を指しますが、実際平安時代後期に四天王寺で祀られていた「童像」は、次に述べます「孝養像」かと思われますので、ここでは南無仏太子と孝養像、馬上太子像を除く狭義の童形像について述べておきます。上半身の着衣は基本的に袍衣（丸首の上着）のみで、持物は柄香炉《えごうろ》や団扇、笏などですが、笏と柄香炉を持つ像については、「時空を超えた太子像」の項で述べることにします。

太子童形像を代表する像が、現存最古の太子彫像で、法隆寺絵殿に伝来した「伝七歳像」です。この像は治暦五年（一〇六九）仏師円快が造立し、同じ年に絵殿の聖徳太子絵伝（東京国立博物館蔵）を描いた秦致貞が表面の彩色を担当しました。頭髪は角髪《みずら》に結った上に垂髪とし、袍衣のみを着て団扇を持つ姿に表されます。この姿は、後の法隆寺系統の童形像に強い影響力を持っていたと考えられ、絵画にもしばしば表されました。聖霊会に際しては、輦に乗せて大講堂（かつては夢殿）に移動させられる「行像」であったと想定され、四天王寺における孝養像と同じ役割を担っていたと考えられます。すなわち平安時代における「童像」は、重要な法会に際して移動させられる「行像」であったと考えられています。

もう一つの太子童形像は、『伝暦』十二歳条・帰国する日羅《にちら》が、太子を観音の垂迹と見て礼拝する事績に基づいて作られた姿です。太子は角髪を結って袍衣を着て、両手で笏を持つ姿で、絵画では坐像、真宗系の彫刻では立像に表されます。残念ながら播磨には、こうした童形太子は現存していません。

(3) 太子孝養像

「孝養像」は太子像としてはもっとも流布した姿で、近世以前に太子のイメージを作り上げていた姿です。一般に『伝暦』十六歳条の、父用明天皇の病気平癒を祈請した姿とされ、角髪を結い、袍衣に袈裟と横被《おうひ》を懸け、柄香炉のみを持つ姿に作られます。ただし「十六歳」像の呼称は鎌倉初期、「孝養」像の呼称自体は鎌倉末期以降が初出になります。ここでようやく播磨国の太子像が、重要作例として登場してきます。

一乗寺　聖徳太子像（国宝「聖徳太子及び天台高僧像」十幅のうちの１幅）

　まず現存最古の太子画像が、加西市の一乗寺に伝来した国宝「聖徳太子及び天台高僧像」十幅のうちの太子像です。現存最古の太子彫像の、前述した法隆寺伝七歳坐像とほぼ同時期、すなわち平安時代十一世紀後半の作とされています。太子は両手で柄香炉を持ち、袍衣に袈裟と横被、袴を着して、礼盤上に左足を踏み下げて坐っています。天台高僧像十幅中、唯一の俗形・童子形像で、十人の童子を併画しており、日本における「釈迦十大弟子」を象徴的に表現したかとも考えられましょう。図様自体は特殊ですが、後世に流布する孝養像の基本的な特徴をすべて備えており、太子像の中でも記念碑的な重要作例です。

一乗寺本と同じく坐像に描かれた絵画作例を見ておきます。それが加古川市の鶴林寺太子堂（一一一二年建立）内部に描かれた壁画の孝養太子像です。この壁画は、太子堂東壁に設けられた厨子内に描かれており、通常は秘仏とされています。太子は角髪を結って袈裟を着け、両手で柄香炉を執る孝養像で、礼盤上で胡坐する姿です。太子の周囲には童子や随臣、僧形が描かれ、太子と対面するように毘沙門天が立っています。壁画の全貌は不明ですが、鶴林寺の創建縁起を表した可能性が指摘されています。太子堂内に厨子が新設されたのは正中三年（一三二六）ですが、太子像はそれより遡り、太子堂が修理された宝治三年（一二四九）頃の制作かと思われます。

同じ鶴林寺には、現存最古の彫刻の太子孝養像も伝わっています。こちらは二王子（山背大兄王と殖栗王）立像を従えた三尊形式の小ぶりな孝養坐像（口絵掲載）で、現在は宝物館に安置されていますが、かつては太子堂内の太子壁画の厨子前に祀られていました。基本的に一乗寺本の像容を引き継ぐ「童像（行像）」ですが、袴ではなく裙（裳）をはいて礼盤上に趺坐しています。この服制と像容は、鎌倉期に流布する立像の孝養像の先駆と考えられ、きわめて貴重な存在です。ただし十六歳の太子に二王子は存在しえず、後述します年齢を超越した太子の姿かとも捉えられます。

その鎌倉期に流布した孝養立像の古い絵画作例が、これまた鶴林寺に伝来しています。重要文化財に指定された孝養太子五尊像（口絵扉掲載）で、前述した二王子に加えて二天像が手前に描かれています。太子は角髪・垂髪とし、両手で柄香炉を執る孝養像で、五尊形式の太子像としては現存唯一の作例です。安定した二等辺三角形の構図と豊麗な彩色から、鎌倉前期の制作と想定され、立像の孝養太子画像としては屈指の古作です。ただ二天部形を左右に従えると

鶴林寺　聖徳太子孝養坐像

いうことは、もはや太子は単なる俗人ではなく、二王子を従えた太子を釈迦三尊に準えた姿と見なすことができるかもしれません。

こうした立像の太子孝養像は、鎌倉期以降の彫刻で主流となります。一二四七年に仏師慶禅が制作した埼玉・天洲寺像を筆頭に、数々の名品が生まれましたが、その流れにのる室町前期の作例として、神戸市西区（旧明石郡）の太山寺太子孝養立像が挙げられ、こちらは等身を超える立像です。また明石市の遍照寺にも、室町後期の孝養立像が伝わっています。一方時代は降りますが、独尊の孝養太子画像が室町末期以降の真宗で採用されました。真宗寺院の余間には現在でも太子・七高僧像の対幅が懸けられますが、これは蓮如以降の本願寺で流布しました。その初期段階では、太子と法然上人を描いた対幅が散見され、姫路市の本徳寺本（一五〇三年、実如裏書）はその好例です。その後江戸時代には、太子・七高僧像の対幅が全国の真宗寺院に行き渡り、太子像のイメージを定着させました。

⑷太子騎馬像

童子形の太子が朱の袍衣に白の袴を着し、馬に跨る姿を表しており、次の二種類の事績に基づいて表現されています。一つ目が「馬上太子」と呼ばれる合戦の姿で、『伝暦』十六歳条の物部合戦の際の姿で、太子が弓矢を携えて騎馬します。絵画・彫刻に作例がありますが、絵伝を除けばほとんどが近世の作です。二つ目が「黒駒登岳図」と呼ばれる絵画作品で、『伝暦』

二十七歳条の黒駒に乗って富士山に登ったという姿ですが、二十七歳の太子をやはり童子形に表しています。記録から、平安時代末期に四天王寺聖霊院に「甲斐黒駒影」が懸けられていたことが知られています。現存作例としては、室町期以降の東北地方（岩手県）での「まいりの仏」に多くの遺品があります。播磨にはこうした作例は残っていません。

◎——成人後の太子像と播磨の現存作例

(1) 摂政像

前々章で述べました『台記』に記す「童像」に対する「靈像」に相当し、太子が推古天皇の摂政となった二十二歳以降の姿を表しています。朱の袍衣を着して漆紗冠《しつしゃかん》を被り、両手で笏を執って佩刀して坐る像容で、聖霊会などの重要な法会の本尊とされた像です。またよく知られた「唐本御影《とうほんみえい》」も便宜上、摂政像の範疇に入りますが、これが太子を描いた作と断定はできませんので、ここでは触れません。

まず彫像の遺品では、法隆寺聖霊院に太子五百回忌を期して安置されたのが、木造太子四侍者坐像です。四侍者とは恵慈《えじ》法師と殖栗《えぐり》王、卒末呂《そとまろ》王、山背大兄王の四人で、等身の太子は朱の袍衣を着て笏を執り、口をわずかに開けています。通常の摂政像に見られる漆紗冠ではなく、勝鬘経講讃像と同じく冕冠《べんかん》を被りますが、袈裟や横被は着けていません。現存する摂政像としては最古最優の作品です。摂政像の彫像としては、他に鎌倉後期・一二七七年に院恵・院道が造立した奈良・達磨寺坐像があります。

絵画作例としては、ほぼ同じ図様の摂政像が法隆寺と四天王寺に伝わります。太子が水鏡に映った自らの姿を楊枝で描いたと伝承され、法隆寺では「水鏡御影」、四天王寺では「楊枝御影《ようじのみえい》」と呼ばれ、四天王寺では聖霊会の本尊として懸けられていました。やはり播磨では、古い摂政像は現存していません。

(2) 勝鬘経講讃太子像

こちらは『伝暦』三十五歳条に、推古天皇の請いにより太子が橘宮で勝鬘経を講讃したとの記載に基づいて表されました。その際、蓮華が降り化仏が涌出したという奇瑞が語られ、絵画ではそうした様子が描かれています。太子は冕冠を被り、朱の袍衣に袈裟と横被を纏い、左手に麈尾《しゅび》を執って経机を前にして坐り、髭を蓄えて口をわずかに開いています。前述しました『法隆寺東院資材帳』に、「法王像」を描いた勝鬘経の存在が記されますが、その経典の見返し絵が勝鬘経講讃太子と想定され、図様自体の成立は「童形像」や「孝養像」とともにきわめて古く、奈良時代には存在していました。ただし彫像の遺品は稀で、奈良・橘寺や宝塚市中山寺に室町後期から桃山期の作例が残る程度です。

絵画作例としては、五随臣を聴衆とする遺例が一般的で、妹子、馬子、恵慈、覚哥《かっか》、山背大兄王の五随臣が橘宮の広縁などに配されています。真宗でもこの画題は好んで描かれ、この五随臣に日羅が加わって六随臣とした図様が、多数の真宗絵画に描き込まれています。法隆寺では太子六百回忌を期して、舎利殿に大型の額装本太子勝鬘経講讃図が嵌め込まれました。これは五随臣を聴衆とする通規の図様で、承久四年（一二二二）に南都絵仏師尊智が描きました。

この法隆寺尊智本に勝るとも劣らない規模と出来栄えを誇るのが、太子町の斑鳩寺に伝来した大幅の太子勝鬘経講讃図（口絵掲載）です。平安時代法隆寺での伝統を踏まえた横長の大画面で、華麗な彩色がよく残る鎌倉前期の優品です。描かれた人物、そしてその配置は通常通りですが、橘宮などの背景を全く描かないのは異例です。やはり太子六百回忌前後に南都で描かれ、法隆寺から施入されたかと想像されます。

◎——時空を超えた太子像と播磨での現存作例

さて聖徳太子像、最後の三つ目のカテゴリーです。それは太子の年齢はもとより、前述した「童像」と「霊像」との区別がしづらい作例で、像容は基本的に「童像」ながら、年齢を越えて象徴的に太子を表しています。柄香炉以外に別の持物を執らせるなどして、太子像に別の意味を持たせようとした像です。

⑴広隆寺上宮王院像とその系譜

こうした太子像の先駆けとなったのが、広隆寺上宮王院《じょうぐうおういん》に本尊として祀られる童形太子着装立像です。平素は前の天皇から下賜された装束を纏っていますが、平成天皇即位時の着替えに伴い、解体修理が行われました。その結果、胎内から数々の納入品が取り出されるとともに、保安元年（一一二〇）に仏師頼範が造立したことが知られ、法隆寺聖霊院像と同様、太子五百回忌を期しての造像と判明しました。像は下衣と肌袴を着けるのみの着装像で、笏と柄香炉を持物とする等身の立像です。寺伝では太子三十三歳の姿とし、現状で頭頂部に御冠を被るための突起が作られていますが、これは後補で、側頭部には角髪（垂髪か）を付けた跡があり、当初は童子形に造られていたことが明らかになりました。また胎内には救世観音等を線刻した銅鏡が納められ、太子が観音の垂迹であることを明確に示しています。こうした納入品は、太子が着装像であることとともに、太子の「生身性《しょうじんせい》」を表現するためと指摘されています。

その後この着装像は、太子像の展開に大きな影響を及ぼすことになります。「着装」の概念を一歩進めたかたちが、鎌倉期に新たに現れた植髪《うえがみ》着装像ですが、これについては後述します。ほかに角髪を結った鎌倉後期の着装像として、経巻を持つ童形像が、奈良・當麻寺中之坊と同長福寺に伝わっています。こちらは上半身を裸形とし、下半身に袴を彫り表しています。そして真宗では鎌倉後期以降、着装像ではありませんが、角髪を結って笏と柄香炉を持つ童形立像が多数造立されました。持物の笏が王法・柄香炉が仏法を象徴するとして、「真俗二諦像」とも称されてきました。ただしこれも、後述の垂髪童形像と同じく太子の年齢を特定しない、観音の垂迹としての象徴的な姿と捉えられています。

(2) 植髪着装太子像

植髪着装太子像では播磨の作例が重要な意味を持ってきます。こうしたまさに「生身」の太子像は、頭部に実際の頭髪を植え込んだ立像で、下衣のみを彫り出した上に着物を着せる像です。また持物は広隆寺像に倣って、笏と柄香炉を持たせています。加古川市の鶴林寺や太子町の斑鳩寺のほか、大阪・叡福寺や大聖勝軍寺、京都・権現寺などに鎌倉期の作例が伝わっています。

鶴林寺　太子植髪着装立像

鶴林寺像は、像高三尺に満たない立像で、下衣と袴、沓のみを彫り出し、現状で髪を長く垂下させていますが、当初は角髪に結っていたと想定できます。かつては太子堂に、髹漆《きゅうしつ》厨子（一四三六年銘）に納めて安置されていました。玉眼を用いた表情はリアルで生々しく、安定感のある姿態からも、恐らくは太子六百回忌を期しての造立かと想像されます。

斑鳩寺像は等身に近い立像で、聖徳殿に秘仏本尊として祀られています。やはり下衣と袴のみを彫り出して素足とし、髪を長く垂下させています。持物は鶴林寺像と同様に笏と柄香炉とし、玉眼を嵌入しますが、表情は生身の人間というより人形に近く、太子六百回忌から七百回忌の時期に制作されたと思われます。

播磨にはもう一体、加西市の奥山寺に太子植髪着装像が伝わっています。こちらは像高二尺ほどの小像で、太子堂に本尊として安置されています。体軀に下衣等は彫り表さず、全身を裸形としています。右手に経巻を執りますが、当初の持物は不明です。童顔でやはり玉眼を嵌入し、太子七百回忌前後の制作かと考えられます。

(3)垂髪童形像

真宗系の光明本尊や高僧連坐像、太子絵伝に、正面向きの垂髪童形立像の太子が、数多く描かれています。真宗ではこうした太子を、観音の垂迹形として象徴的に表したとされています。他に非真宗系の垂髪童形像として、奈良・成福寺孝養立像、京都・藤井有鄰館本童形像、法隆寺本太子五尊像など、数は少ないですが、鎌倉中期頃より制作されています。法隆寺本からもこれらはいずれも、観音の垂迹形としての太子像であることが明らかになります。

こうした播磨の作例として、姫路市の如意輪寺像が挙げられます。本堂内の脇壇に安置される像高二尺ほどの立像で、南北朝時代の作かと思われます。袍衣に袈裟を着け、袴をはいて礼盤上に立つ童形像で、玉眼を嵌入しています。現状で垂髪または角髪を欠失しますが、両手の構えは左手に柄香炉・右手に笏を持つ形で、真宗系の「真俗二諦像」に近いのかもしれません。天台系の太子像と真宗系の太子像との影響関係を考える意味で、注意を要する作例です。

他にも非真宗系の絵像として、「廟窟太子」と称される三尊形式の童形太子や、四天王寺で「孝養御影」と呼ばれる笏と柄香炉を持つ作例なども、垂髪童形像の範疇に入ります。

如意輪寺　太子童形立像

◎――太子の本地仏としての如意輪観音像と播磨の作例

平安中期以降、本地垂迹思想の流布に伴って聖徳太子の本地仏が観音とされるようになりました。それに至る経緯としては、飛鳥時代に創建された太子関係寺院の本尊たる弥勒菩薩半跏像から始まります。四天王寺の金堂像（焼失）、広隆寺の宝冠弥勒像（飛鳥、国宝）、奈良・中宮寺の本尊像（白鳳、国宝）、大阪・野中寺金銅仏（六六六年、重文）などです。これらの本尊像が太子と関連付けられ、太子有縁の霊像とされましたが、後に本来は弥勒菩薩として造立された像のうち、四天王寺の本尊が十一世紀以降、救世観音と称されるようになります。一方、東大寺大仏殿に盧舎那仏の脇仏として安置された観音菩薩半跏像が、滋賀の石山寺へ引き継がれていき、本尊として別の脇侍を伴って安置されました。この観音像は、十世紀に入ると二臂の如意輪観音であるとの説が広がりました。この石山寺像は、四天王寺の救世観音半跏像と像容が似ていたため、四天王寺本尊像は遅くとも平安末期には「聖如意輪」とも呼ばれ、如意輪観音の一種であると認識されました。そうした考え方の中で、聖徳太子の本地仏は観音→救世観音→如意輪観音とされていったのです。

すると十一世紀以降、太子の本地仏として二臂如意輪観音半跏像が造立されるようになりま

斑鳩寺　如意輪観音坐像

鶴林寺　如意輪観音半跏像

した。法隆寺聖霊院像、広隆寺像、四天王寺像、大聖勝軍寺像などがそれで、鎌倉期に入った作例として京都・廬山寺像、同・三千院像（一二四六年）が挙げられます。こうした本地仏としての二臂如意輪観音半跏像は、密教系の六臂坐像にまで広がり、これらの如意輪観音が太子関係寺院の本尊になる場合もありました。こうした中で、播磨でも太子の本地仏としての如意輪観音が造立されました。

まず加古川市の鶴林寺に伝来した二臂如意輪観音半跏像です。こちらの像は、右手は屈臂して頰に近づけ、左手は垂下して足上に置き、左足を垂下させる半跏坐像です。幅広の面部、穏やかな相貌、低い肉髻、浅い衣文表現など、平安後期の作風が顕著でして、四天王寺の旧本尊の像容をもとに、広隆寺像の服制・作風に倣って制作されたと考えられます。聖徳太子の本地仏として造立された二臂如意輪観音半跏像の典型的な作例と評価できます。

一方太子町の斑鳩寺には、二臂立膝の如意輪観音坐像が、講堂に釈迦・薬師両如来坐像とともに安置されています。三尊はいずれも丈六の木彫像で、法隆寺の飛鳥仏を範とする模古作で、天文十年（一五四一）の火災後に再興された室町末期の作例と考えられます。密教系の六臂立膝坐像をあえて二臂で表現した特殊な像で、やはり太子の本地仏としての造像とみて間違いないでしょう。この斑鳩寺像とほぼ同じ像容の二臂立膝如意輪観音坐像を取り付けた懸仏が鶴林寺に伝わっています。こちらは太子堂内の東壁面に懸けられていた銅製の懸仏で、洲浜下の額に製作年（南北朝・一三七九年）を刻んでいます。秘仏化された東壁太子像の、本地仏を表す懸仏として製作されたと判断できます。

以上、播磨国に現存する像を中心に、様々な姿の聖徳太子像を見てきました。太子像造像の歴史の中で、播磨国の作例がいかに重要であるかをご理解頂けましたら有り難いです。これで今日の話は終わらせて頂きます。

播磨の聖徳太子絵伝

村松 加奈子

◎――聖徳太子絵伝とは

聖徳太子の生涯を描いた絵画のことを「聖徳太子絵伝」といいます。絵伝とは読んで字のごとく「絵による伝記」です。ご承知のように、聖徳太子は神仏と同等に崇拝され、各地で太子を象った絵画や彫像が制作されました。ただ聖徳太子は神仏ではなく、私たちと同じ人間としてこの世に生まれましたから、誕生から幼年期、青年期、壮年期へとライフステージが変化します。二歳の「南無仏太子像」や十六歳の「孝養太子像」などは、いわば太子の人生の一瞬を切り取った姿です。これに対して絵伝は、太子の五十年（四十九や五十一など諸説あり）の生涯を、一連のドラマとして鑑賞するよう設計されています。

太子絵伝は作例の数がとても多く、江戸時代以前のものだけで百点近く確認されています。日本の歴史上、最もたくさん絵伝が制作された人物は、浄土真宗の宗祖・親鸞聖人ですが、それに次ぐのが聖徳太子です。絵伝という枠組みを超え、もはや中世絵画史の一ジャンルを形成しているといってよいでしょう。

太子絵伝は、法隆寺・四天王寺・橘寺、これからお話しする斑鳩寺・鶴林寺など、近畿圏にある太子ゆかりのお寺と、太子信仰が特に篤い浄土真宗の寺院に集中して伝わっています。この太子信仰の超宗派性といいますか、間口の広さが、今日のテーマである太子絵伝の多様性の源なのです。先に述べた親鸞聖人の絵伝は、当然ながら浄土真宗という一つの宗派で制作され、真宗の門徒さんたちの間で鑑賞されました。つまり、制作者も鑑賞者も限られているわけです。ごく初期の親鸞絵伝にはいくぶんバラエティがありますが、室町後期以降の、特に本願寺のもとで制作された親鸞絵伝は、どの場面をどのように描くかがきっちり定められました。その結果として、まさしく〝ワンパターン〟な親鸞絵伝が量産されるようになりました。

一方、太子信仰は宗派を限りません。かつては法相宗だった奈良の橘寺（現在は天台宗）、浄土真宗の愛知の本證寺、真言宗系の大阪・太子町の叡福寺など、さまざまな立場の人々が自分たちの信仰体系の中に太子を位置づけ、自分たちならではの太子絵伝を制作し、ありがたく鑑賞してきたのです。

また絵伝の形態もさまざまです。現存している太子絵伝の大半は掛幅（掛軸）で、縦一・五メートルを超える大きなものが一般的です。絵巻の太子絵伝もいくつか伝わっていますが、圧倒的に少数です。さらに絵巻から断簡や画帖に形を変えた例もあります。

絵伝の員数（何幅で構成されるか）は、私が知る限り大阪市平野区の杭全《くまた》神社にある十幅本が最大です。また一生をすべて描くのではなく、重要な場面のみピックアップし、一幅に収めた「略絵伝」と呼ばれるバージョンもあります。

どの形態を選び、どの話を取り上げるか、あるいはどのように描くかなど、さまざまな要素の順列組み合わせによって、膨大なバリエーションが生まれます。ですので、これだけの数が残っていながら、まったく同じ太子絵伝は一つとしてありません。それが太子絵伝研究の面白いところであり、同時に難しいところでもあると感じています。

◎――最初期の太子絵伝

ここからは、太子絵伝がどのように成り立ち、発展したのかについてお話ししたいと思います。まずは最初期の太子絵伝について見てみましょう。

鎌倉時代の嘉禄三年（一二二七）ごろ、四天王寺のお坊さんが著した『太子伝古今目録抄』（別名『天王寺秘決』）という文献があります。これは太子伝の注釈書で、当時の太子信仰に関わる多彩な情報が説かれています。その中に「法隆寺絵。太子滅後。四百六十許年図レ之」という一文があります。「法隆寺絵」というのは、かつて法隆寺東院（上宮王院）の「絵殿《えでん》」で、建築内の障子絵とされていた聖徳太子絵伝を指します（現在は二曲五双の屏風に改装）［図1］。これが太子が亡くなって四百六十年後ぐらいに制作された、ということです。正確には平安時代の延久元年（一〇六九）に、摂津国の秦致貞《はたのちてい》という絵師によって描かれました。この作品は現存最古の太子絵伝で、太子絵伝としては唯一国宝に指定されています。明治時代に法隆寺から皇室に献上され、今は法隆寺献納宝物の一つとして、東京国立博物館に収蔵されています。非常に貴重な作例ですが、傷みが著しく、制作当初の部分はかなり失われているようです。ちなみに現在の法隆寺絵殿には、吉村周圭という江戸後期に活躍した絵師による模本が奉納されています。

『太子伝古今目録抄』は続けて、「天王寺絵。聖武天皇後也。百三十年許歟」と説いています。「天王寺絵」は聖武天皇が亡くなった後（に描かれた）。太子が亡くなってから百三十年後ぐらいであろうか、という意味です。「天王寺絵」とは、先の「法

図１　聖徳太子絵伝　第一・二面　秦致貞筆　（東京国立博物館蔵）
出典：ColBase（https://colbase.nich.go.jp）

隆寺絵」と同様、かつて四天王寺に存在した太子絵伝を指します。これよりだいぶ後の文安五年（一四四八）、法隆寺僧の訓海が著した『太子伝玉林抄』という文献にも、「四天王寺障子絵伝一巻、彼寺三剛衆僧敬明造之、宝亀二年辛亥六月十四日造之」という記述がみられます。大雑把にいえば、奈良時代の宝亀二年（七七一）に、四天王寺の敬明という人が、同寺の障子絵の太子絵伝に基づく太子伝を著しました、という意味です。したがって四天王寺には宝亀二年より以前に、障子絵の太子絵伝があったということになります。延久元年作の「法隆寺絵」よりも古く、もし残っていれば間違いなく国宝だったでしょう。

そして中世以降、四天王寺は聖徳太子信仰の一大聖地となり、聖徳太子絵伝を祀った「絵《え》堂《どう》」では絵解きも行われました。平安時代には藤原頼長などの貴族たちも四天王寺に参詣し、絵堂で絵解きを聞いたということです。その後今日に至るまで、四天王寺は焼失と再建を繰り返し、絵堂も何度となく焼け落ちました。現在の絵堂は昭和五十四年（一九七九）の落慶で、内部の壁面に日本画家の杉本健吉さんによる「聖徳太子御絵伝障壁画」が描かれています。

◎――太子絵伝の黄金期

太子の生涯は没後まもなく伝説化され、『日本書紀』はじめ多くの文献に説かれるところとなりました。そして十世紀から十一世紀ごろ、太子伝の決定版というべき『聖徳太子伝暦』という文献が登場し、太子信仰の世界は一気に解像度を上げました。『伝暦』は、それまで断片的に語られていた太子の伝説を、まさに「暦」として、一年ごとの編年体で説いた点に大きな特徴があります。今に伝わる太子絵伝は、すべて『伝暦』の影響を受けているといって差し支えありません。さらに鎌倉後期、十四世紀はじめごろ、四天王寺の周辺で『伝暦』をベースにした新しい太子伝が次々と生み出され、太子信仰の世界はより深く、重層的になっていきます。

そして鎌倉時代後期の太子七百回忌（元亨元年・一三二一）のころ、太子絵伝はじめ太子信仰の美術は黄金期を迎えます。鎌倉時代は各宗派の祖師に対する信仰や、さらに仏教の元祖である釈尊への回帰的な信仰が高まった時期でもありました。こうした時代の空気の影響を多分に受けて、日本仏教の祖たる太子が再注目され、各宗派で太子絵伝が競うように制作されたのです。

また鎌倉時代以降の太子絵伝は、「法隆寺絵」や「天王寺絵」のような、建築に付随する障子や壁画でなく、掛幅が主流になりました。掛幅の利点は収納できることです。用が済んだら片づけられますし、別の場所に掛けることも可能です。また掛幅は大画面ですので、絵巻などの小型の作品に比べると、一度にたくさんの人が見るのに適しています。富山県にある井波別院瑞泉寺では、今も毎年七月に太子絵伝の絵解き説法「太子伝会《たいしでんえ》」が行われますが、この絵伝もやはり掛幅で、堂内に掛けられる様子は、まるで映画館のスクリーンのようです。現存している太子絵伝の九割近くが掛幅なのは、この時代からの伝統なのです。

◎——斑鳩寺本　聖徳太子絵伝

それでは、ここからは播磨における聖徳太子信仰の拠点、太子町の斑鳩寺、加古川市の鶴林寺に伝わる聖徳太子絵伝を取り上げ、それぞれの特徴と意義についてお話ししたいと思います。斑鳩寺本、鶴林寺本ともに中世の太子信仰を象徴する魅力的な作品で、まさしく播磨を代表する大切な文化財です。

それでは斑鳩寺の太子絵伝から見てみましょう。その前に斑鳩寺の御縁起について簡単にお話ししておきます。推古天皇十四年（六〇六）、聖徳太子は天皇に請われて『勝鬘経《しょうまんぎょう》』を講じ、その恩賞として播磨国揖保郡の水田百町を授かりました。この地は平安時代に法隆寺領播磨国鵤荘として発展し、その荘園経営の中核的存在として斑鳩寺が建立されました。皆さんご承知のとおり、斑鳩寺は創建当時から法隆寺と密接な繋がりがある寺院なのです。

斑鳩寺に伝わる聖徳太子絵伝は、室町時代の天文二十四年（一五五五）に寄進され、現在は太子町指定文化財とされています。絹本着色（絹を用い、はっきりとした彩色を施す）、全四幅の掛幅で、縦一七四・〇センチメートル、横八六・五センチメートル。色鮮やかで保存状態も良好な、大変出来栄えのよい御品です［図2］。

寄進された年がなぜ判るのかといいますと、裏書（掛幅などの裏面に記された由緒書）がきちんと残っているためです。掛幅の裏に「湯浅河内守北堂性渓妙本信女自舎身財命画工　写此図以為現当二世仏果菩提　天文廿四年乙卯八月　如意珠日」と旧裏書が貼られ、天文二十四年

図２　聖徳太子絵伝　第二幅（斑鳩寺本）

に「性渓妙本信女」という女性が寄進した旨が書かれています［図3］。湯浅河内守とは、当時の鵤荘の有力者であった湯浅忠宗のことで、性渓妙本はその妻です。斑鳩寺には忠宗が瓦を寄進した記録が残っているそうですが、忠宗本人ではなく、妻が財を投じて画工に太子絵伝を写させ、斑鳩寺に寄進したという経緯が興味深く感じられます。

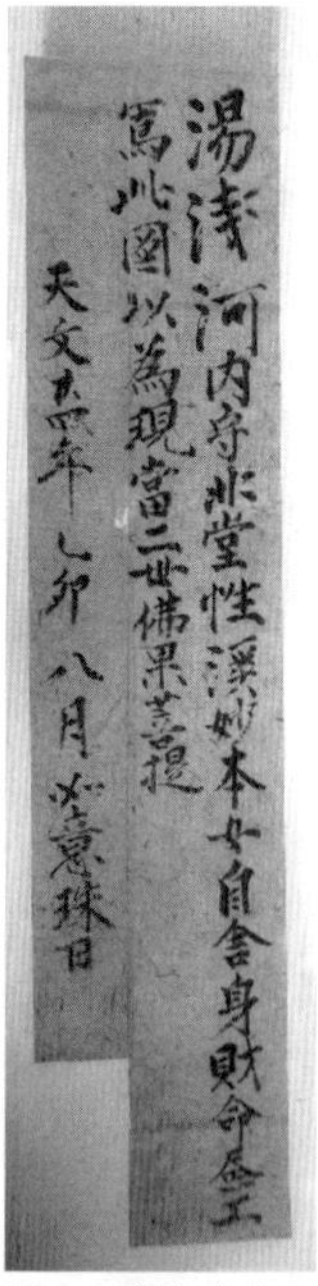

図３　斑鳩寺本の旧裏書

斑鳩寺は天文十年（一五四一）、尼子氏の播磨侵攻によって堂塔を焼失し、灰燼に帰していました。天文二十四年は戦禍からの復興期にあたり、同じ時期に太子堂や講堂が再建されていますので、おそらくそうした復興事業の一環として太子絵伝を寄進したのでしょう。あるいはかつて斑鳩寺にこれと別の太子絵伝があり、戦禍で失われてしまったために新補した、という考え方もできるかもしれません。

それでは太子絵伝を見てみましょう。太子絵伝は太子の年齢に沿って読み進めるものが多いのですが、この斑鳩寺本はまったく違う構成原理になっています。太子の年齢が順不同に入り混じっていて、まったく時系列ではありません。では、どういうルールなのかといいますと、たとえば第一幅には添景に桜の花や梅の花など、春の草花がたくさん描かれているのがわかります［図4］。つまり第一幅は、太子伝のうち春（一・二・三月）に起きた出来事を集めているのです。第二幅は夏（四・五・六月）。松の枝に藤がかかって、桐の花が咲いています［図5］。第三幅は秋（七・八・九月）で山並が紅葉で赤く染まっており、第四幅は冬（十・十一・十二月）で山が雪化粧をしています。このように季節を重んじて構成された絵を「四季絵」といいます。四幅それぞれに四季を感じさせるモチーフが美しく散りばめられ、目にも楽しい太子絵伝です。こういった粋な表現を見るにつけて、昔の人たちの太子伝への理解の深さに驚かされます。

太子絵伝の本来の目的が、太子の生涯を通覧することだというのは最初に申し上げたとおりですが、どうもそれだけではない、別の意図もあることを、斑鳩寺本は教えてくれます。

図４　第一幅　桜の木（斑鳩寺本）

図５　第二幅　松と藤（斑鳩寺本）

◎――斑鳩寺と法隆寺との関係

斑鳩寺は他の絵画作品に関しても、法隆寺と非常に密接な関係を持っていました。たとえば斑鳩寺に伝わる「聖徳太子勝鬘経講讃図」（国重文、鎌倉時代）は、斑鳩寺の創建縁起に関わる作品ですが、これは法隆寺の「聖徳太子勝鬘経講讃図」を手本としています。同じく斑鳩寺の「釈迦三尊十六羅漢像」（国重文、平安時代）と「十二天像」（太子町指定文化財、室町時代）は、ともに天正五年（一五七七）に法隆寺からもたらされた記録が残っています。

斑鳩寺の太子絵伝もまた、法隆寺の伝統的な図像を受け継いでいます。斑鳩

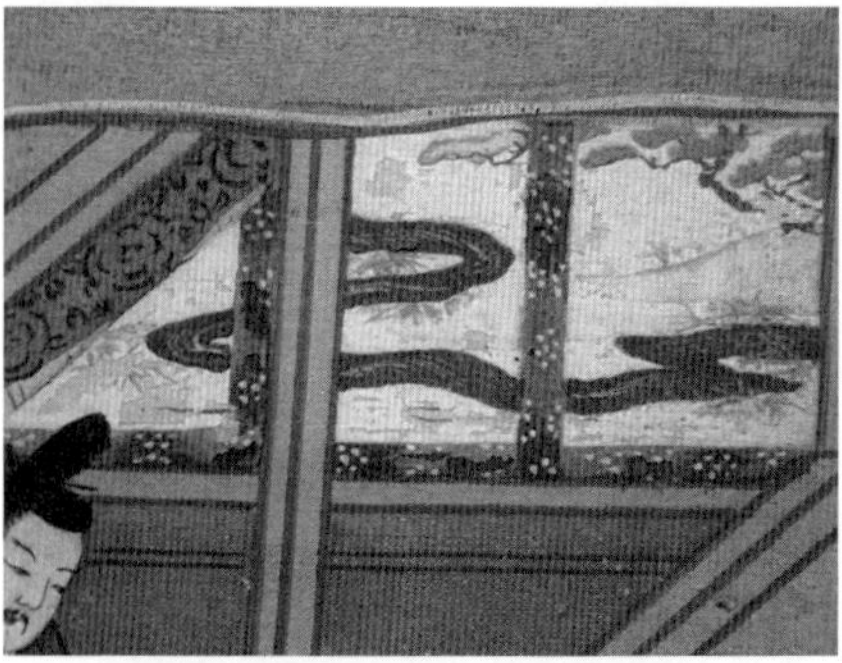

図6　襖絵の描写（斑鳩寺本）

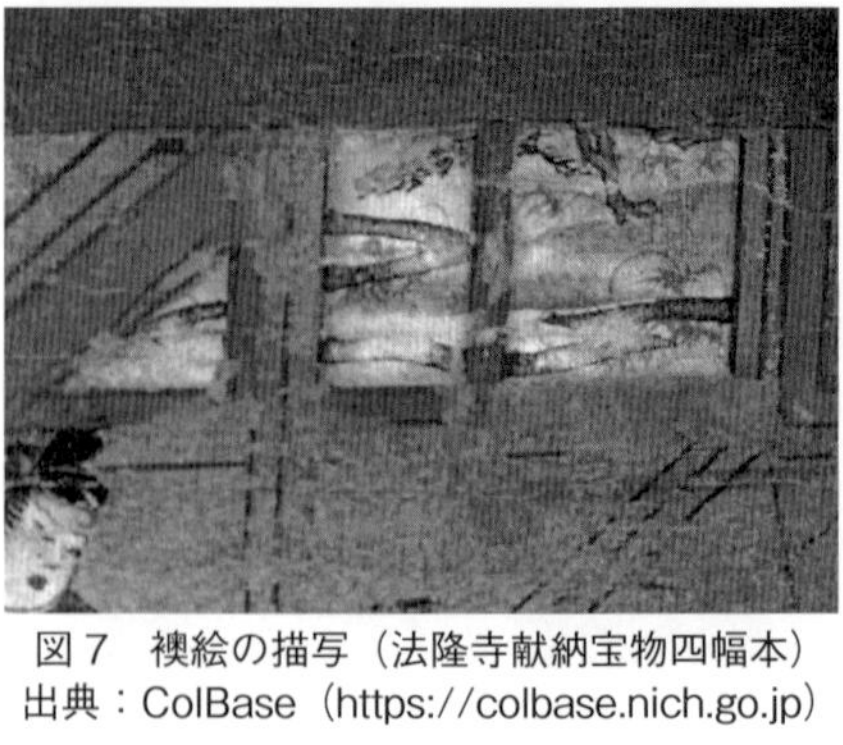

図7　襖絵の描写（法隆寺献納宝物四幅本）
出典：ColBase（https://colbase.nich.go.jp）

寺本の手本になったのは、鎌倉時代の嘉元三年（一三〇五）に上野法橋と但馬房という絵師によって描かれた四幅本で、掛幅の太子絵伝としては在銘最古の貴重な作品です。こちらも現在は東京国立博物館の所蔵となり、国の重要文化財に指定されています。この太子絵伝は非常に影響力があり、鎌倉時代から江戸の後半まで、実に長きにわたって転写され、多くの模本が存在します。斑鳩寺本はその一つなのです。

原本と比べると、斑鳩寺本が建物やお召し物の模様、調度の襖絵の川の流れる形など、物語の本筋に関わらない部分まで、実に丁寧に模しているのがわかります［図6］［図7］。絵師たちの間で何百年も、「この場面はこう描くべし」と受け継がれたのでしょう。それは法隆寺四幅本のもつ、ある種の〝ブランド力〟といえるかもしれません。

さて、斑鳩寺本に何か少しでも原本と違う部分がないか探したところ、ささやかですが、どうにか一箇所だけ見つかりました。それぞれの場面に付された短冊形のうち、法隆寺伽藍近くの「法隆寺」と書かれたものだけ、周りに青い二重線の縁取りがありました［図8］。法隆寺が特別な存在だという気持ちの表れでしょうか。

図8 「法隆寺」の短冊形（斑鳩寺本）

◎——鶴林寺本　聖徳太子絵伝（八幅本）

続きまして、加古川市にある鶴林寺に伝わる聖徳太子絵伝について見ていきたいと思います。「鶴林寺縁起」では、播磨に隠棲していた高麗の僧・恵便法師のために、太子が臣下の秦河勝に命じて三間四面の精舎を建立し、「刀田山四天王寺聖霊院」と名付けたのが鶴林寺の始まりといいます。また、多くの太子ゆかりの宝物が伝わることから「播磨の法隆寺」とも呼ばれます。つまり四天王寺であり法隆寺でもあるという、まさに最強の太子信仰のお寺なのです。

鶴林寺には八幅本と三幅本の二種の太子絵伝が伝わっています。まずは八幅本についてお話ししましょう。この太子絵伝は絹本着色、大きさは縦一四八・五センチメートル、横七八・八センチメートルで、国の重要文化財に指定されています［図9］。制作年代については見解が割れているのですが、私は南北朝から室町初期と考えています。かつてこの八幅本を収めていた木箱の蓋に「上宮聖徳皇太子殿八補絵宝徳二年二月日修復之　鶴林寺常住也」と、宝徳二年（一四五〇）に修復した旨が書かれているのが一つの根拠です。修復は五十年から百年のスパンで行われることが多いので、そこから逆算したら、十四世紀の半ばから末ごろとなり、画風の上でも大きな齟齬はありません。

鶴林寺八幅本は数ある太子絵伝の中でも飛び抜けて個性的で、まさに唯一無二の存在です。その最大の特徴は、太子の誕生以前の話が異様に長いこと。冒頭の第一幅と第二幅には太子伝でなく、長野県の善光寺本尊の縁起が描かれています。つまり全八幅のうちの二幅、全体の四

図９　聖徳太子絵伝（鶴林寺八幅本）第二幅

分の一が善光寺縁起で占められているのです。善光寺の御本尊は絶対秘仏で、七年に一度の御開帳で拝めるのも、御本尊の代わりの「お前立」です。この善光寺の御本尊は、疫病に苦しむインドの人々を救うため、お釈迦様と阿弥陀様が力を合わせて拵えたと伝えられる仏様です。御本尊はその後インドから朝鮮半島の百済へと空を飛んで渡り、百済の人々を利生した後、今度は日本の人々を救うため、自らの意志で来朝されたといいます。すなわちインド・百済・日本の三つの国を渡る「三国伝来」の、まことに霊験あらたかな像なのです。

なぜ善光寺の御本尊と太子が関係するのか、不思議に思われたかもしれません。御本尊が百済から日本にやってきた時、日本では「異国のカミ」を受け入れるか否か巡って熾烈な争いが起きるのですが、その時の崇仏派のリーダーとされたのが太子でした。つまり太子はインド発祥の仏教の「日本における継承者」として位置づけられ、太子の生涯とともに国中に仏法が弘まってゆくという、壮大な「仏教東漸」の物語が構築されるのです。また今日は時間がないので触れませんが、中世には太子と御本尊が往復書簡、つまり文通したという伝説も流行しました。

ようやく善光寺縁起が終わり、ついに第三幅から太子が登場するかと思いきや、誕生の前にもう二つ、今度は中国を舞台にした物語が挟まれています。第三幅の上段に大きく描かれるのは、太子の前世の物語です［図10］。太子は日本に生まれるまでに何度も輪廻転生するのですが、二回目に生まれたのが中国の慧思禅師という人でした。南岳大師とも呼ばれ、天台二祖に列せられる人物です。絵伝には慧思の修行道場である衡山の巍《ぎ》巍《ぎ》たる山容とともに、そこから雲に乗って勢いよく飛び立とうとする人の姿が描かれています。この人物は「だるまさん」、あの達磨大師です。達磨大師は中国に尊い人がいると聞き、はるばるインドから慧思禅師のもとを訪れました。そして「あなたは未だ仏教を知らない日本という国に転生し、仏教を伝え弘めなさい。私は一足先に向かって貴方を待っていますよ」と言い残し、雲に乗って日本へと旅立ったそうです。

その下の段には、中国での仏教伝来の物語「白馬寺道士勝負記」が描かれています。これは在地の道教の僧と、インドから来た仏教の僧が法力で優劣を競い、無事に仏教が勝利して、中国に仏教が広まったというお話です。ほんらい太子とは無関係なのですが、おそらく「仏教東

図10　中国衡山の慧思禅師と達磨大師（鶴林寺八幅本）

漸」というテーマを強調するために盛り込んだのではないかな、と考えています。

そして第三幅の下半分でようやく太子が誕生し、そこから最後の第八幅まで、基本的に時系列で物語が進行します。第八幅の三分の二ほどで太子伝が終わり、残る三分の一には、蘇我氏滅亡の物語が繰り広げられます。法興寺での蹴鞠の宴席で、藤原鎌足が中大兄皇子の靴を拾ったのをきっかけに、二人は親交を深め、「乙巳《いっし》の変（大化の改新）」で入鹿を誅殺し、蘇我氏を滅ぼしたという有名なお話です。この赤い顔をした鬼のような人が蘇我入鹿で、斬られた首から血が勢いよく吹き出し、まるで鬼退治のような表現になっています［図11］。「乙巳の変」を取り上げる太子絵伝は少なくありませんが、これほど大々的なのは稀です。何か特殊な事情があったのかもしれません。

このように鶴林寺八幅本は、冒頭から結末まで、他の

図11　乙巳の変（鶴林寺八幅本）

太子絵伝とはまったく違う、オリジナリティー溢れる構想のもとで描かれているのです。まだまだ謎がいっぱいの鶴林寺八幅本です。

◎——鶴林寺本　聖徳太子絵伝（三幅本）

最後に、同じく鶴林寺に伝わる三幅本の太子絵伝についてご紹介します。こちらは加古川市の指定文化財とされています。三幅本も制作時期はよくわかっていませんが、画風から判断して室町時代の半ばと推定されます。絹本着色の掛幅で、寸法は縦一九六センチメートル、横一二八センチメートルと大きく、画絹を三枚継いでいます［図12］。保存状態は正直芳しくなく、全体的に強い折れ皺が寄ったり、穴が開いたりしています。私は二〇二二年四月に鶴林寺宝物館で初めて拝見しましたが、熟覧させていただいたお陰で、絵のレベルの高さや、図像の特徴が理解できました。

少し話が逸れますが、元亨三年（一三二三）に「松南院座」という南都の絵所で描かれた六幅本の太子絵伝があり、現在は四天王寺に所蔵されています。鶴林寺三幅本を拝見した時、画風はだいぶ違うけど、個々の図像がこれとよく似ていると感じました。さらなる精査が必要ですが、鶴林寺三幅本もおそらく南都界隈で描かれたとみてよいと思っています。

図 12　聖徳太子絵伝（鶴林寺三幅本）第一幅

内容は基本的に『聖徳太子伝暦』に則っていますが、太子誕生に先立って、前生譚が第一幅の右上に描かれています。これも南都の太子絵伝にしばしば見受けられる傾向です。太子の初生（最初にこの世に生まれること）は、インドの勝鬘夫人《しょうまんぶにん》という女性でした［図13］。勝鬘夫人はインド舎衛国《しゃえこく》の波斯匿王《はしのくおう》の娘で、非常に聡明で仏への帰依心が篤い女性でした。彼女がお釈迦様のお力を得ながら説いたのが、のちに『勝鬘経』という大乗経典になりました。ちなみに斑鳩寺の縁起で触れたように、太子は三十五歳の時、推古天皇に請われて『勝鬘経』を講讃します。つまり太子は過去に女性だった時に述べた言葉を、男性に生まれ変わって、あらためて女性の天皇に対して説いたという、とても複雑な設定になっているのです。

その左隣には、やはり前世にまつわるエピソードが描かれています。舞台は先にも登場した中国の衡山です［図14］。太子は三十六歳の時、腹心の部下である小野妹子に「私が前世において衡山で修行していた時に読んでい

図13　インドの勝鬘夫人（鶴林寺三幅本）

た『法華経』を取ってきてくれ」と命じました。妹子は海を渡って衡山に赴き、必死の思いで経典を探し求め、ようやく帰国したのですが、なんとその経典はまったく別人のものだったのです。結局太子は自ら夢殿に籠って入定《にゅうじょう》（身体を離れて魂だけの状態になること）し、青龍の車に乗って衡山へ向かい、無事に前世所持の経典を取ってきた、というお話です。それなら最初から太子が自分で行ったらいいのに、ちょっと妹子が気の毒になります。

つまり衡山という「場」は、前世の修行道場であり、同時に大切な『法華経』が眠る場でもあるのです。妹子の遣隋使船の上には、八幅本で見たような赤衣の達磨大師も描かれ、二つの物語を一図で表現しているのがわかります。八幅本ほど顕著ではないものの、三幅本もやはり輪廻転生が物

図14　中国衡山の小野妹子と達磨大師（鶴林寺三幅本）

語のキーになっているようです。

さて鶴林寺で三幅本を拝見させていただき、ちょっと面白いことに気付きました。場面ごとに設けられた短冊形に、小さい黒丸がちょんと付いているものがあります［図15］。これは何だろうと、鶴林寺の吉田実盛先生ともお話ししたのですが、もしかしたら「この場面は大事だから絵解きしなさい」という印として、鶴林寺のお坊さんが墨を入れたのかもしれません。画面もかなり大きめですし、絵解きや勧進を目的に作られた可能性は十分考えられます。

ただ、絵の出来栄えや規模を勘案すると、単なる絵解きの道具というだけではなく、然るべき立場の人が、然るべき場所に奉納するために作った太子絵伝のようにも思われます。八幅本とは描かれた場面も構成も全く違い、直接の影響関係はないようですが、ともにきわめて個性的で、中世の太子信仰を象徴する太子絵伝といえるでしょう。

今回は、斑鳩寺、鶴林寺に伝わる播磨の聖徳太子絵伝についてご紹介しました。最初に申し上げたように、一つとして同じ太

図15　短冊形の黒丸（鶴林寺三幅本）

子絵伝はない、ということが何となくおわかりいただけたかと思います。今日お話ししたのは膨大な太子絵伝の世界のごく一端に過ぎません。また今後、お寺や博物館で太子絵伝をご覧になる機会がありましたら、こうした豊かな物語が背後にあることを思い出していただければ幸いです。

〔鼎談〕

播磨の太子信仰

―斑鳩寺と鶴林寺―

[講師]
大谷 康文（斑鳩寺住職）
吉田 実盛（鶴林寺真光院住職）
[コーディネーター]
小栗栖 健治（播磨学研究所所長）

◇はじめに

小栗栖●本日は「播磨の太子信仰」というテーマで、聖徳太子と播磨との結びつき、そして信仰の実像と地域社会との結びつきについて明らかにしていきたいと思います。おそらく聖徳太子は播磨へお越しになったことはないと私は思っているのですが、その徳を慕って播磨の地域社会には聖徳太子の信仰が受け継がれ、根強く定着していったと考えられます。
斑鳩寺と鶴林寺はどちらも聖徳太子ゆかりのお寺ですが、信仰という視点で二つのお寺を比較してみますと、同じところ、似ているところ、異なるところなど様々な姿が見えてきます。そうしたことを、仏事や信仰を実際に担われて聖徳太子の功徳を伝えておられる、斑鳩寺の大谷康文住職、鶴林寺真光院の吉田実盛住職にお話をうかがうことにいたします。

◎——開創縁起と聖徳太子

小栗栖●聖徳太子の信仰を知るうえで、まずは斑鳩寺と鶴林寺の草創について、お二人にお話しいただきます。
大谷●『日本書紀』の推古天皇十四年（六〇六）七月条につぎのような記述があります。
「天皇、皇太子を請《ま》せて、勝鬘経を講《と》かしめたまふ。（中略）

是歳《ことし》。皇太子、亦法華経を岡本宮に講《と》く。天皇大きに喜びて、播磨国水田百町を皇太子に施《おく》りたまふ。因りて斑鳩寺（法隆寺）に納《い》れたまふ。」

斑鳩寺では、この六〇六年を創建としています。推古天皇十四年、天皇に請われ聖徳太子が勝鬘経を講じられ、同じ年に法華経も講讃しておられます。これが御前講演の最初とされるらしいのですが、そのお礼として推古天皇から播磨の土地水田百町を賜ります。それを聖徳太子は法隆寺へ施入しておられます。以来、その土地の収入が法隆寺の経済を賄うことになり、土地は法隆寺の荘園となったわけです。

『日本書紀』によれば百町、『法隆寺伽藍縁起幷流記資材帳』には五十万代とか千町、「上宮聖徳法王帝説」では三百町など、広さに違いはありますが何百町かの土地が法隆寺の土地となったのは事実だと考えられます。ただ、六〇六年を創建の年としていますが、その時点で現在の伽藍が出来ていたわけではなく、研究者によっては現在の規模になったのは平安中期から後期にかけてではないかといわれます。そして創建から約九百年間、荘園制度がなくなるまで法隆寺を経済的に支えてきたのが、この播磨の斑鳩寺だったといえます。

吉田●これまでのお話とは相違しますが、私は聖徳太子は播磨にいらっしゃっただろうと思います。そして水田につきましては、『法隆寺縁起資材帳』に「加古郡一百町　開墾田十五町四段　未開墾田が八十四町六段　講法花経料」とあります。これは『日本書紀』の、法華経を岡本宮で講じ、そのお礼として天皇から播磨国百町をもらわれたというのと合致します。『日本書紀』の勝鬘経を説いてもらわれたのは斑鳩寺の土地ですが、法華経を説いて贈られた加古郡の土地というのは鶴林寺のあたりではないか、鶴林寺ではそのように伝承しています。

縁起については、大宝二年（七〇二）に書かれたとされる『聖霊院縁起』によると、賜った土地に太子が来られ、朝鮮半島から来た日羅《にちら》という僧が謁見して帰ろうとした。太子がここに留まるようにと言うと刀が田に刺さったので、この辺りの土地を刀田という、との謂れが書かれています。そして、その刀田に恵便《えべん》という僧を呼ぶとも書かれています。恵便が来た後、ここに秦河勝に命じて精舎を建てた、それが鶴林寺の始まりであると『聖霊院縁起』にあります。大宝二年という年号について学者は否定的で、ずっと後に書かれたものであろうと言いますが、鶴林寺としてはそう信じています。

小栗栖●お二人から草創についてうかがいましたが、『日本書紀』と『法隆寺縁起資材帳』に基く内容です。聖徳太子が岡本宮で推古天皇に勝鬘経と法華経を講義された。喜ばれた天皇は播磨国に水田を与えられるのですが、『日本書紀』によればその土地は揖保郡にあり、これがのちに法隆寺に寄進されます。この記述が太子町の斑鳩寺と法隆寺の荘園鵤庄との結びつきになるということです。一方、『法隆寺縁起資材帳』によれば法華経を講ずるための水田が加古郡に与えられていました。これが鶴林寺と法隆寺との直接的な結びつきになっていきます。十四世紀の中頃に成立した『峯相記』には、斑鳩寺が勝鬘経との結びつきを、それに対して鶴林寺は法華経との結びつきを伝えています。
先ほど、鶴林寺の山号である刀田山についてのお話がありました。刀と田んぼの田、以前から珍しい山号だと思っていたのですが、そこにも聖徳太子との結びつきがあることを知りました。また、恵便という僧の名が出てきました。播磨の仏教のはじまりを考えるうえで重要な人物なのですが、もう少し詳しくお聞かせください。
吉田●平成十八年（二〇〇六）二月に姫路で「恵便サミット」がありました。随願寺の加藤住職、安海寺の佐藤住職、赤穂・普門寺の藤本住職と私の四人を呼んでいただき、各寺の恵便伝承をご紹介しました。恵便は高句麗の僧で、日本に渡ってきて、日本における仏教の初伝に関わる重要人物ですが、播磨を出ますと恵便の伝承は頗る少なく、おそらくこの辺りで隠れ住んでいた中でそのような伝説が生まれたのだと考えることができます。しかし、『日本書紀』を紐解いてみますと司馬達等の娘、嶋《しま》が従者二人とともに恵便から得度を受けて善信尼《ぜんしんに》というお坊さんになったという記述があります。これが日本における得度のはじまりです。つまり恵便が師僧となって初めて日本にお坊さんが誕生したわけで、このように素晴らしい働きをされた方だということになります。
小栗栖●恵便は先ほどの話にもありましたように播磨国に特別伝承が多い人物です。『峯相記』

によりますと恵便は物部氏によって二回播磨に流されています。一回目は「矢野の奥」でこれは相生市の瓜生羅漢、二回目は「安田の野間」で多可町八千代区大屋にある「稚児の岩屋」が伝承地ではないかといわれています。また姫路の増位山随願寺も、聖徳太子の命で恵便によって開かれたと伝えられているお寺です。

◎――伽藍配置と聖徳太子信仰

小栗栖●縁起についてお聞きしましたので、それぞれのお寺の性格がわかってきました。次に斑鳩寺と鶴林寺の伽藍配置についてうかがいます。
大谷●斑鳩寺の境内図を見ていただきますと中ほどに講堂（本堂）があり、これを頂点として右に三重塔、左に聖徳殿があり、三角形を成しています。法隆寺は正面に講堂があって向かって右に金堂、左に五重塔で塔の位置が左右逆になっています。強いて言いますと法隆寺の傍の法起寺が向かって左に金堂がありますからそれに準じたものかと思います。ただ細かく見ますと斑鳩寺の場合は三重塔と聖徳殿が向き合っていますが、法起寺は南を向いています。それから斑鳩寺では講堂を本堂としてここに御本尊をお祀りしていますが、法隆寺、法起寺の場合は金堂が本堂にあたりますので、その点では大きな違いがあります。ただ御本尊に関しては、薬師如来、釈迦如来、如意輪観音と祀っているところなどは法隆寺に近いかと思います。

吉田●斑鳩寺をお詣りした方が鶴林寺に来られると、雰囲気がよく似ていると言われます。ただ、三重塔は向かって右と左、そして太子のお堂は斑鳩寺では左に、鶴林寺は右にあり、左右反転した配置になっています。

　鶴林寺の伽藍配置で、仁王門から本堂へ向かう道、常行堂と太子堂をつなぐ道、これを見るとちょうど南十字星のような十字の形に四つのお堂が並んでいます。この四つを四種三昧堂と言い、天台宗においては非常に大事な建物です。天台宗は今から一四〇〇年ほど前、中国で天台大師智顗《ちぎ》という方が天台山で宗派を興されました。その時に書かれた『摩

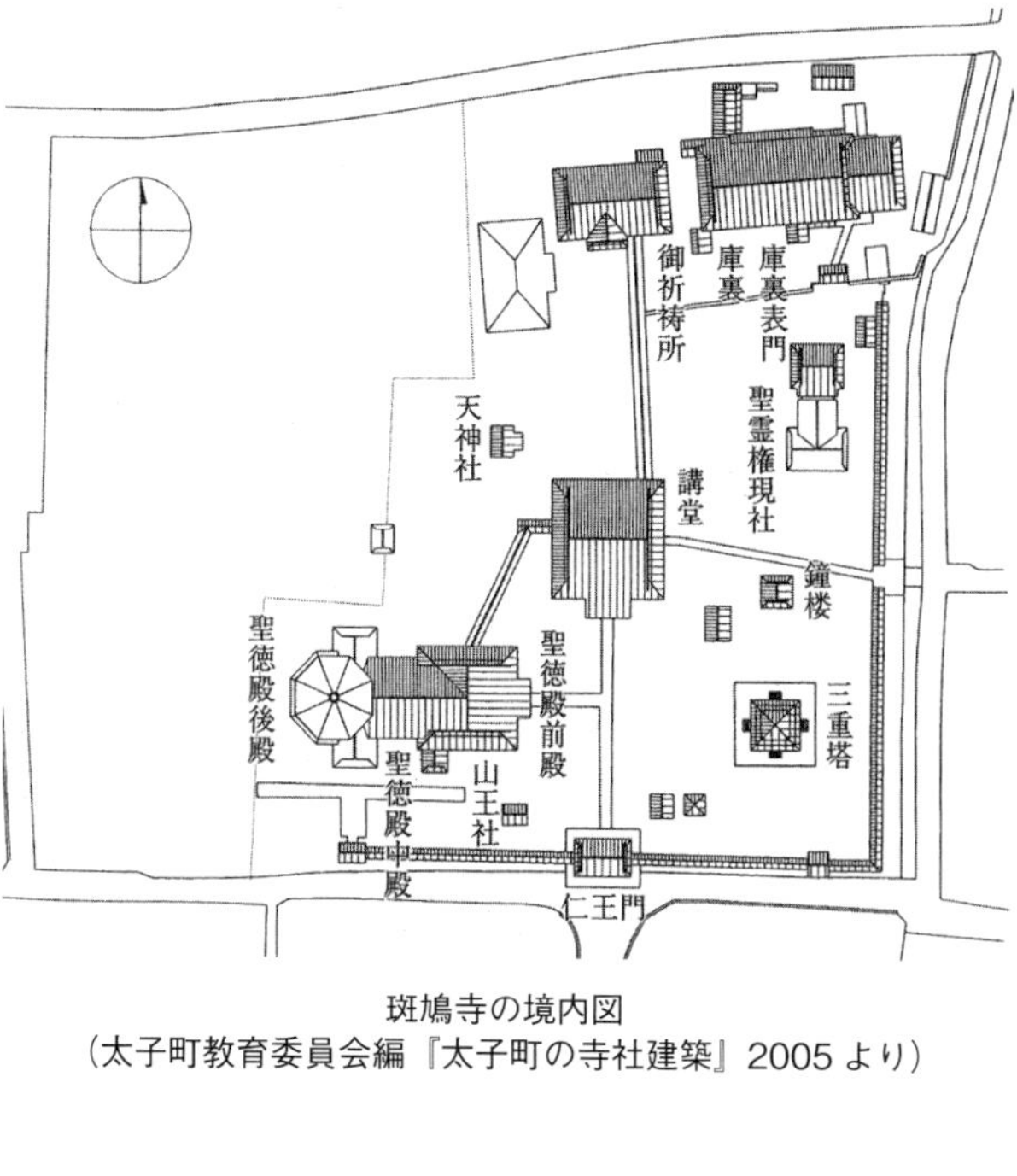

斑鳩寺の境内図
（太子町教育委員会編『太子町の寺社建築』2005より）

訶止観』という書物に「常坐三昧、常行三昧、半行半坐三昧、非行非坐三昧という四つの修行をせよ」と記されました。

全国の天台宗の寺院ではそれが揃っていないお寺が多いのですが、鶴林寺の場合は常坐つまり坐禅をするお堂としての仁王門、常行三昧をする常行堂、半行半坐三昧（法華三昧）をする太子堂、そして非行非坐三昧をする本堂という、四つのお堂が配置されています。そのうち常行堂と太子堂は、それぞれの行をする

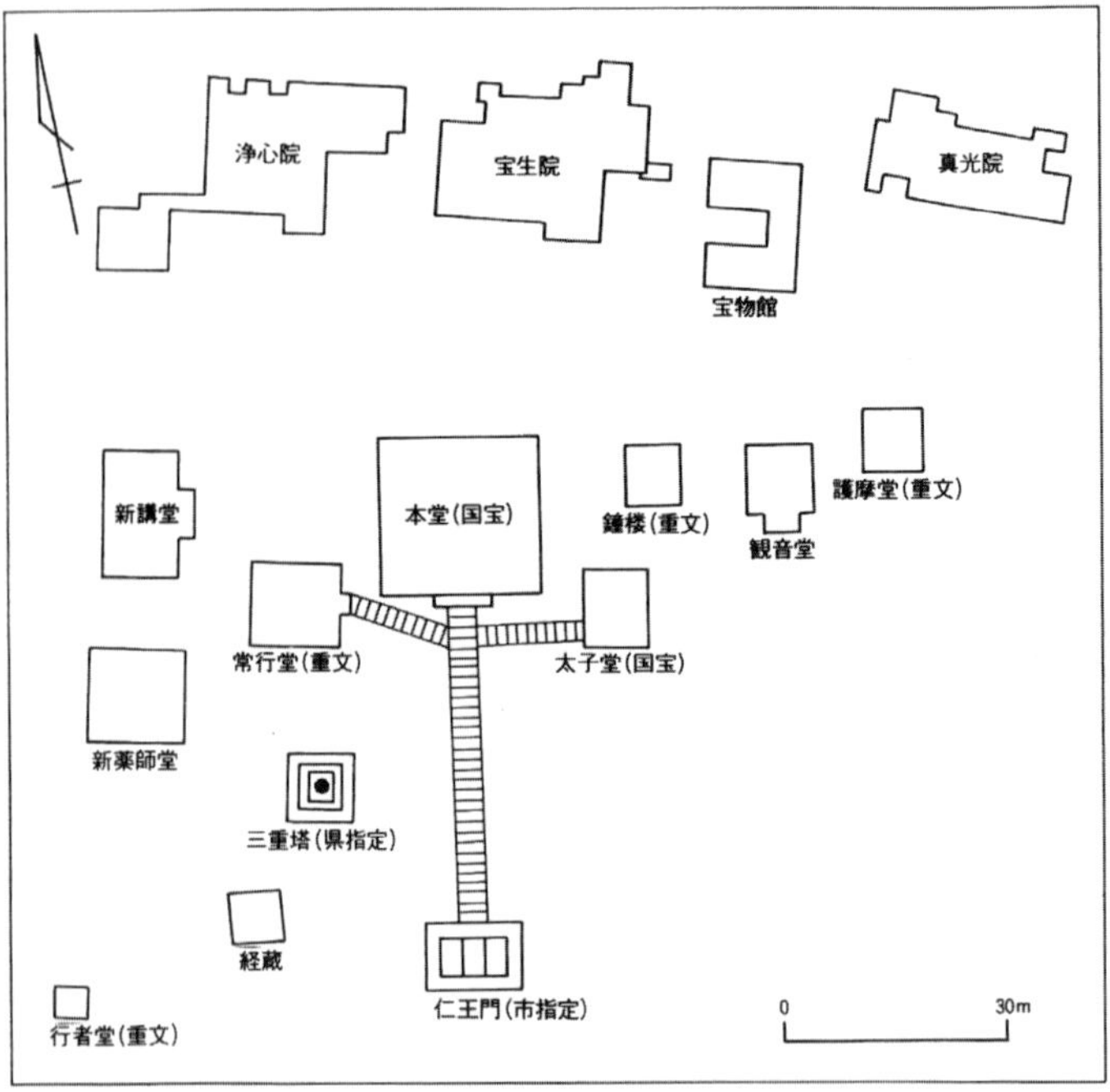

鶴林寺の境内図
（特別展『はりまの名刹ー刀田山鶴林寺』兵庫県立歴史博物館編 1991 より）

お堂としては全国で最古の建物で、非常に価値のあるお堂群が並んでいるというのが鶴林寺の伽藍の特色となります。
小栗栖●私たちは普段何気なくお寺にお詣りしていて、建物の配置を気にすることはあまりありませんが、こうして教えていただくとそれぞれのお寺において、伽藍の配置にこんなに違いがあると気付かされます。斑鳩寺は聖徳太子信仰を中心に据えた法隆寺に倣った伽藍配置、それに対して鶴林寺は天台伽藍の形式をとっていて、聖徳太子を祀っているのは太子堂です。その前身は法華堂ということですが、いつから聖徳太子が祀られているのでしょうか。
吉田●現在の太子堂は檜皮葺で、母屋の部分から庇が前にせり出しています（口絵参照）。ある時期に三間から四間に増築をしていて、この変遷の跡が今もはっきりと残っているのです。では当初はどうだったのか。堂内の四天柱があるところにはお釈迦様が祀られていて、ここで法華経の三昧行をしていました。太子堂なのか法華三昧堂なのか、私も子供の頃から不思議に思っていましたが、じつは屋根裏の板に「法華三昧堂」の墨書があり、このことからお堂は法華三昧堂と呼ばれていたことがわかりました。
そうすると天台宗の行のお堂なのかと思うのですが、最初に紹介しました鶴林寺『聖霊院縁起』の中に、聖徳太子が毘沙門天と感応され（心を通わされ）、釈迦三尊四天王を祀るお堂を建てるという話になったとあり、それがこの太子堂につながっていると鶴林寺では考えています。では太子堂が建てられたのはいつなのか、研究者の間でも諸説あり定まっていませんが、現在の太子堂は少なくとも聖徳太子がおられた頃のものではありません。鶴林寺の考えを踏襲するなら、太子の建てられたお堂は何らかの形でなくなったが、釈迦三尊と四天王を祀るお堂をまた建て直して、それが現在の太子堂であると考えないとつじつまが合いません。
堂内にある厨子の奥には、聖徳太子感応図の板絵があり、これが先ほど申しました毘沙門天と会っている図だといいます。法華三昧堂と呼ばれていたお堂も、太子が描かれていることにより、また太子信仰の高まりもあって、のちの時代に太子堂に変わっていったのだろうというのが現在の鶴林寺の考えです。
小栗栖●では、法華三昧堂から太子堂に変わっていく端緒というのがあったでしょうか。
吉田●広島大学の三浦正幸先生によりますと、太子堂内の厨子はおそらく鎌倉時代の中期頃の作ではないかといわれています。そして現在多くの学者が支持しているのは、墨書によると天永三年（一一一二）に三度目の修理をしたとあるのが、そうではなくこの年に新しく建て直したのではないかという説です。もしその前提で考えるなら、太子堂は今から九一〇年ほど前に建てられ、それから百年も経たないうちに増築をした。その際に作り付けの厨子の中に聖徳太子をお祀りすることになり、名前も太子堂になったと考えるのがよろしいのではないでしょうか。

小栗栖●そうしますと、法華堂に礼拝する礼堂が設けられるのは鎌倉時代、その頃に鶴林寺では太子信仰が前面に出てくる、法華堂から太子堂に名前が変わるのはこの頃ということになります。
大谷住職にお尋ねします。斑鳩寺にうかがうと仁王門を入って左側に聖徳殿があり、正面から見ると普通のお堂に見えますが、後ろから拝見すると八角形の変わった構造になっています（口絵参照）。『播州名所巡覧図絵』（一八〇四年）の挿絵を見ますと、斑鳩寺の山門を入って左には一般的なお堂が描かれています。これはいつ頃に改築されたのでしょうか。
大谷●それは今から約百年前、大正十年（一九二一）の聖徳太子千三百年御遠忌に合わせて、夢殿を模した八角堂の後殿が建てられています。この時は渋沢栄一が中心となって、国を挙げての慶讃法要として大変盛り上がったようです。この西播磨地域でもその気運のなかで多くの浄財が集まり、大工事がなされたのだと思います。ちなみに棟梁は書写の円教寺摩尼殿と同じ、「棟梁の中の棟梁」と言われた伊藤平左衛門によって八角堂は建てられました。ところが力が入って凝り過ぎたために借金がかなり残ったと、二代前の祖父からは聞いた記憶があります。
小栗栖●いつもユニークな建物だと拝見していたのですが、意外と新しいということがわかりました。

◎――法隆寺と鵤庄斑鳩寺

小栗栖●次に、お寺が建立されている場所についてのお話をうかがいたいと思います。斑鳩寺のあるところは法隆寺の荘園で、鵤庄と呼ばれていました。また、鶴林寺のあるところは四天王寺の荘園で加古庄と呼ばれていました。
十四世紀中頃にできた播磨の地誌『峯相記』に「太子が鵤庄に来られて、四方に境界の石を埋められ、斑鳩寺を建立された」と書かれています。鵤庄と聖徳太子や、法隆寺と結びついた伝承について、まず大谷住職にお聞きしたいと思います。
大谷●聖徳太子はこちらに来られたのですか、という質問はよくあります。おそらく実際には来られていないとは思いますが、地元では願望も含めてその言い伝えは残っています。
お寺の東南にある檀特山の上から大きな石を投げられた、あるいは弾かれたという言い伝えの牓示石《ぼうじいし》があります。椅子くらいの高さの岩で、これに腰掛けると腹をこわす、つまり座ってはいけないということなのですが、この牓示石は他にも確認されています。田んぼの中に立っていたり、ご神体のように祀ってあったり形は様々ですが、地元では大事にされています。法隆寺にある荘園図にも「御牓示石」と書いて十個ほどの黒い丸印があります。鎌倉時代の終わりに鵤庄が幕府に没収されるという事件があり、のちに返してもらうのですが、その後に書かれたものなので明確にしておこうという意図があったかと思われます。この荘園図の写しが斑鳩寺に掛けてありますので興味のある方はご覧ください。

小栗栖●お話にありました「聖徳太子の牓示ノ石」は、今も鵤の七〜八カ所に伝承されていますので、関心のある方は現地に出向いて実際に見られてはいかがでしょうか。

また、聖徳太子や法隆寺にゆかりのある地名として『峯相記』には、

「川ヲハ富雄（小）川（トミノヲカワ）ト云、山ヲハ片岡ト名ク、孝恩寺ヲハ発心カ谷、檀徳（特）カ峰ト云フ、行道ノ峰ニ御馬ヲツナカル、其松近代マテ有ケリ」

と出てきますが、こうした地名などについては伝承されているのでしょうか。

大谷●「富雄川」は、お寺の東側に用水路があり、今は「とみのおがわ」と呼んでいますが、もとは法隆寺の東を流

鵤庄牓示石

れる富雄川からきた名前だと思われます。「檀徳カ峰」は檀特山で、聖徳太子が甲斐の黒駒で登られ、その馬を繋いだ松、蹄の跡が残った岩があるという伝説が残っており、この松は近代まであったといわれています。その他にも、お寺の西南で現在の東芝の敷地内に古墳があったそうで、そこの字名を藤ノ木といい、法隆寺の藤ノ木古墳と方角が似ています。このように、いくつか共通の地名が残っています。
小栗栖●『峯相記』にはもう一つ次のようなことが書かれています。
「異香薫シ、光ヲ放チシ故ニ、異香留家庄トモ本ハ云ケリ」
「異香留家《いかるが》」というのはおそらく奈良の法隆寺の別名だと思うのですが、これについての伝承はあるのでしょうか。
大谷●具体的な例はないのですが、松から良い香りがして、聖徳太子は松を好まれましたので、そこから神聖なイメージに結び付けるという、太子信仰の一つの現われかとも考えられます。
小栗栖●法隆寺の荘園であった鵤庄には、大谷さんのお話にありましたように聖徳太子や法隆寺ゆかりの地名や言い伝えが残されていました。皆さまも気づかれたと思うのですが、鵤庄に建立された斑鳩寺は言わば法隆寺の地方版であるかのようです。そこには大きな理由がありました。というのは、法隆寺の根幹をなす荘園である鵤庄を管理運営するために、斑鳩寺を建立して太子を祀り、法隆寺の世界が再現されていました。

また、斑鳩寺には聖徳太子と強く結びついた年中行事が受け継がれています。「勝軍会《しょうぐんえ》」と呼ばれるこの行事は、どのようなものなのでしょうか。
大谷●「勝軍会」というのは、戦に勝つという意味合いがあるのですが、蘇我氏と物部氏との争いがあり、聖徳太子は四天王像を刻んで戦勝を願われたといいます。その故事に倣って、法隆寺領の鵤庄内から四天王になぞらえた四人の子供を選び、聖徳太子をお守りすると同時に、太子と親子の縁を結ぶという行事です。
会式の翌日には選ばれた四人の各家にお札を持って行き、一年間お祀りしてもらいます。そして翌年の二月に各家から正装で「とうにんじゃ、ばんざいさいた」という掛け声とともにお寺まで行列をしますが、その際に選ばれた子供は肩車をしているので「頭人」、また行事を「御頭会」とも言っています。そして聖徳殿で太子像と対面ののち作法に則って固めの盃を交わします。戦に勝つという意味合いがあるので、子供の将来を祝福する、あるいは将来の成功を祈願するという法要でもありますが、近年は希望者がなく行われていません。ちなみに、天正十二年に秀吉が必勝祈願のために寺に命じて行ったという記録があります。
小栗栖●鵤庄の中から選ばれた四人の頭人が聖徳太子の子供となる、結縁を結ぶというところに特色があるこの勝軍会の行事は、荘園領主側のもっとも中心となる信仰対象の聖徳太子と、鵤庄の人たちを結びつけるために成立したと考えられます。そして現在は二月に行われていますが、かつては一月の年頭にあたって行われ、五穀の豊穣とも結びついて、領主にとっても住人にとっても重要な行事であったことがわかってきます。この行事から領主である法隆寺、鵤庄を管理経営する出先機関としての斑鳩寺、そして年貢を納める住人、その縦の構図がはっきりとしてくるように思います。そう考えると中世の地域社会での暮らしが、この勝軍会に如実に現れているのではないでしょうか。

◎――天王寺と加古庄鶴林寺

小栗栖●鶴林寺と加古庄との結びつきについては、何かわかるところがあるのでしょうか。
吉田●裏付けはないのですが、問題提起も含めて考えてみたいと思います。まず一つは、鶴林寺境内北西にある浄心院では、南の角にいびつになった部分があり、ここに太子が恵便から教えを受けたとされる「木の丸殿」があったとしています。軒の丸瓦をこの部分だけ菊紋の丸瓦に代えて、木の丸殿の開かずの門があった跡だとしていますが、確証はありません。
また、加古川市内には中西廃寺や西条廃寺、野口廃寺、石守廃寺跡などがあります。発掘調査によると、これらの寺が片方に金堂、もう一方に塔が建っていたことがわかっており、先ほど斑鳩寺の伽藍配置で説明されたような法隆寺式伽藍配置となっているのです。じつは加古川以外の高砂、三木、小野、明石などではこの伽藍配置の寺や廃寺は見られません。ということは、これらの法隆寺式伽藍配置の地域全体が広く加古庄であったと想定してみてはどうでしょうか。

では、なぜそれが廃寺になったのか。これははっきりしていて、平安時代前期の貞観十年（八六八）の大地震で山崎断層が揺れたときに、姫路から明石、加古川辺りの政治をつかさどる建物が大きく崩れたという記録が残っています。おそらくその際に寺院や神社も壊滅的な状態になったと思われます。そして当時の人々は、これらすべてを復興する財力はないが一つだけでも太子の恩恵に報いるための寺を建てようと再建運動が起こり、それがのちの鶴林寺につながるのではないかというのが一つ目の話です。

二つ目は、鶴林寺に伝わる「修正会」（鬼追い）という儀式の話です。その鬼追い行事の冒頭に修正会の謂れを語る謡曲「安田吉道」の奉納があり、その中に次のような箇所があります。

「修正会は平安時代の村上天皇の代に始まり、安田姓を名乗る者が代々取り仕切る。安田の姓は具平親王の後胤にて安田の里を拝領し安田勝之進源吉道と名乗った。他に細田の里に船橋正《マサ》一《カツ》、近村に長田善直《ヨシナヲ》、養田友重《トモシゲ》、池田勝寿《カツトシ》の五人の家臣あり。」

鶴林寺のある北在家の南に安田という地名があり、同じく近隣には長田、養田、池田などの地名もあります。そして、それぞれの村にはお堂や寺があり、長田の長田寺、養田の法音寺、池田の白旗観音寺は今は宗派が違いますが、かつては鶴林寺の子寺だったことがわかっています。また、細田（野口町良野）のすぐ北に天王寺という地名があり、これは天王寺という寺があったのか、あるいは鶴林寺の飛び地境内で四天王を祀るお堂があったのかどうかはわかりませんが、鶴林寺の勢力内であったと思われます。また、野口町長砂の円長寺には、物部合戦で聖徳太子が使った矢があるとの伝承を持っています。同じく長砂の字鴾には宣能寺《せんのうじ》があり、寺名の音《おん》が「天王寺」に似通っています。これらのことから、聖徳太子が国（地域）を治める際に、四天王寺という名前を多用されたことと関係があると考えられるのではないでしょうか。

また、鶴林寺にある室町時代の正長元年（一四二八）墨書板には「幡州加古天王寺」と書かれています。おそらくこれは鶴林寺のことではないか、そう考えると鶴林寺はいつの頃からか四天王寺、天王寺聖霊院という名前を使っていたことになります。それは最初にお話しした貞観の大地震から復興していく際に、四天王寺へのつながりが生まれてきたのかもしれません。

小栗栖●これまでの研究から加古庄の範囲について具体的なことはよくわかっていません。ただ、加古庄は大阪の四天王寺の荘園であったことから、室町時代になると鶴林寺は四天王寺系の太子信仰を取り入れていくのではないかと多くの研究者はみていますが、残念ながら具体的な資料は見つかっていません。これから研究が進んでくるにつれてわかってくるのではと期待しています。

◎──聖徳太子の御命日「春会式」

小栗栖●聖徳太子は、『日本書紀』では推古天皇二十九年（六二一）の二月五日に亡くなられ、『上宮聖徳法王帝説』では推古天皇三十年（六二二）の二月二十二日に亡くなったとされています。一般的には二月二十二日が祥月命日とされ、この日に聖徳太子の徳を偲んで春会式《はるえしき》が行われます。斑鳩寺では二月二十二日と二十三日に行われると聞いていますが、どのような行事なのでしょうか。
大谷●聖徳太子の御命日ということで天台式の法要が営まれます。まず庫裏から講堂、聖徳殿までの渡廊下を通って練り行列が行われます。先達のあとに礼人が楽を演奏しながら歩き、その後に僧侶と勝軍会で選ばれた四人の童子が続いてお堂に入り、法要が営まれます。これは思

斑鳩寺の春会式（田村三千夫氏撮影）

い出話になりますが、数十年前には数万人の人出で賑わいました。本来は御命日ですから太子を偲んで来られるのですが、実際は数百店の露店やサーカス、見世物小屋などが楽しみで、西播磨では学校も休み、場合によっては仕事も休みになって、地元では非常に大きなイベントの一つでありました。
小栗栖●お詣りに来られる方には、特色はあるのでしょうか。いろいろな太子講があると思うのですが。
大谷●聖徳太子は職人の神様ということで、それぞれの太子講には協同組合的なものがあり、あるところではお堂を建てて聖徳太子を祀り、また当番制で太子像や軸を回しながら太子を信仰すると同時に、一つの共同体として決め事をするという太子講があります。その代表者がお札を貰って持ち帰られたり、あるいは講で旅行に行ったり、職人さんたちは仕事を休んで楽しまれたようです。また、露店の中には三木の金物などもありましたので、道具を買い求めたりもされたようです。
小栗栖●この春会式では、聖徳太子はどのようなお姿でお祀りをされていますか。また衣替えはどのように行われるのでしょうか。
大谷●この両日は扉を開けて希望者の方には間近で拝んでいただきます。太子十六歳のお姿で、高さは約一・五メートル、木造の太子裸形像の上に衣冠束帯、その上に袈裟を羽織っておられます。六十年をめどに衣を替えられますが、現在の衣は昭和三十七年に高松宮様のご協力のもと衣替えの行事を行ったと聞いています。その前の大正十年の千三百年御遠忌の時は久邇宮様から頂戴して衣替えをしています。そのご縁で、令和四年秋には久邇邦昭氏からの浄財をもとに衣を新調いたします。
小栗栖●ありがとうございました。次は鶴林寺の春会式についてお尋ねします。
吉田●鶴林寺では三月二十二日を月遅れ命日として太子会式を行いますが、現在は近くの土日に三日間行っています。初日は彼岸法要と太子会開闢法要、二日目に聖徳太子の御命日法要として法華懺法《ほっけせんぼう》という天台宗独特の法要を行い、三日目は無病息災を祈願して大般若転読法要を、最後に採灯大護摩供を焚いて終了するという流れです。
大谷さんが言われたように、かつては数万人の人が訪れ、境内に植木や金物などの市が並び大勢でごった返していたと聞いています。植木市は太子会式の名物で、昔は数十軒もの植木屋さんで賑わいましたが現在は激減しています。金物についても同様で三木からトラックが来て様々な珍しい道具などが並び、それを目当てに大工職人さんが買いに来られていました。また、金物業者の代表者が太子のお札を数十枚買われて、各作業場ではそのお札を貼って感謝しながら仕事をされたということです。これは聖徳太子が金物産業の祖であるという意識があったからだと考えられます。それから、五ヶ井用水の水利組合も農業の代表者としてお詣りされていました。

このように太子会式は非常に盛大でした。鶴林寺に残る聖霊会の式次第によりますと、「慶雲楽」（雅楽）が流れ「振鉾」が通り、「菩薩面」や「師子」の行道があり、「唄《ばい》」「散華《さんげ》」「梵音《ぼんのん》」「錫杖《しゃくじょう》」という天台宗最高格式の四《し》箇《か》法要《ほうよう》が行われていたことがわかります。室町時代には、仁王門から本堂に向かう参道に雅楽・舞楽の行列がずっーと続き、荘厳な聖霊会だったようですが、江戸時代以降は行事も縮小されて現在では行われていません。その会式に使用した高さ約三・五メートルもある大きな楽太鼓や、振鉾、獅子頭などが鶴林寺宝物館に所蔵されており、これらの道具類から聖霊会の名残を知ることができます。

なお、行事の際の太子のお姿ですが、鶴林寺の聖霊会では髪を角髪《みずら》に結って、お像に衣を着せていましたが、現在は裸形像のまま厨子の中に納められているという状況で、誠に申し訳なく思っております。

多くの参詣者で賑わう鶴林寺の聖徳太子会式

小栗栖●今のお話で伎楽や雅楽の登場するスケールの大きな太子会式であったことがわかりますが、それだけに聖徳太子への篤い信仰を実感することができました。

◎――地域社会と聖徳太子信仰

小栗栖●最後のテーマになりますが、地域社会と聖徳太子信仰の具体的な話をうかがいます。まず、特色ある行事として、斑鳩寺の「ホーデンヤ」について、聖徳太子の伝説を交えながら大谷さんにお話をいただきます。

大谷●ホーデンヤは法伝哉と書きます。蘇我氏と物部氏との争いにおいて聖徳太子の仏教側が勝利をした、その時の凱旋の喜びを儀式化したものだといわれています。まず、「お幡入れ」と言って、十メートルを超える長い竹竿に付けたお幡を講堂正面でしならせながら一気に立てます。そのあと太鼓と鉦を鳴らしながら「ホーホーデンヤ、ホーデンヤ」という掛け声に合わせて踊ります。これは旧法隆寺鵤庄の中の四村に伝わっていたのですが、今は二つの村に保存会があるだけで、大きな行事がある時にだけ不定期で行われ、なかなか見る機会がないのが残念です。

小栗栖●このホーデンヤは、雨乞いの時にも踊られたということです。かつての飾磨郡や揖保郡では「ホーデンヤ」という囃子の入った雨乞い踊りを見ることができ、室町時代には農村の祭りとしてひろく踊られていました。

斑鳩寺の雨乞いは、同寺の記録によりますと、最初は本堂で般若心経などの経典を転読、これで降らないと聖徳太子ゆかりの檀特山に登って雨乞いが行われていました。また、聖徳太子「自筆の尊容」を掛けての雨乞いも行われていました。この自筆の尊容とは「聖徳太子勝鬘経講讃図」のことで、太子にお願いをすれば雨を降らせてくれるというように、身近なところに存在する信仰の形で、鵤の地域の人々と強く結びついていることがよくわかる伝承です。

斑鳩寺のホーデンヤ

ところで、鶴林寺があるところは「五ヶ井」という田畑を潤す用水があり、この開発には聖徳太子の伝説が伴っています。概略を吉田さんにうかがいます。
吉田●江戸時代に書かれた「五ヶ井来由記」という書物があります。これによりますと、加古川の水を南部へと引き入れるために、その昔日岡神社の日向明神が「岩鼻の井」という水路を造られたが不十分だったため、用明天皇の時代に聖徳太子が来られて日向明神と談合をしたそうです。その結果、聖徳太子が加古川の河岸に立って指示をされたところから堰を切って水路を引き入れたというのです。そのポイントが三つあり、一つは太子が立たれた「太子岩」、数百メートル下った日岡山の北にある「下の太子岩」、さらに下流の鶴林寺三重塔、この三つを結んで水路を引くようにとの太子の指示があった。そしてその水が潤す先々で田畑がつくられたのが、北条之郷、加古之庄、岸南之庄、長田之庄、今福之庄と呼ぶ「五ヶ井」で、この辺り全体が農村として潤ってきたのは太子のお蔭だという話です。ただしこの場合の加古之庄は、先ほどの中世以前の時代の「加古庄」とは別だと考えてください。
小栗栖●この五ヶ井用水により、五十ほどの村がその恩恵を受けていましたが、やはり旱魃になると雨乞いが行われました。どのような雨乞いだったのでしょうか。
吉田●雨乞いの行事については、大阪日日新聞の大正十三年八月の記事にあり、法要記録にも残っていますので、実際に行われていたことがわかっています。法要は「雨乞本尊（水神の玉）」の脇に僧侶が立ち「龍頭」という道具を使って行われます。『郷土のおはなしとうた』第二集（加古川市教育委員会　一九五七年）から少し抜粋してみます。
「『とうとう龍頭がでましたなあー』『昔から龍頭が出て雨が降らなかったことはないといい

まっさかいになあー』（中略）大正十三年八月の暑いさなかのことです。本堂はぴしゃりとしめきって幕をはりめぐらし、外界との交渉を断って、お堂の中では、お坊さんがお祈りをつづけているお経の声や鐘の音が、静かに聞こえています。やがて、五箇井水利組合のおもだった人たち数名が、礼装に身を正し、すべるようにお堂の中へ消えていきました。」

現在、宝物館には雨乞いの道具「龍頭」が保存されており、その法要次第やお経本も大事に残されています。これは先ほどの伝承とともに、水路を大事に扱ってきたということの証しでもあろうかと思います。

小栗栖●ありがとうございました。今お二人の話にもありましたように、地域と聖徳太子がいかに結びついているのか、播磨の人々にとって聖徳太子は遠い人ではなく身近で自分たちを応援してくれている、そんな存在ではなかったかと思えてなりません。聖徳太子への信仰は、それぞれの地域に暮らす人たちの日常にまで浸透していることがわかります。

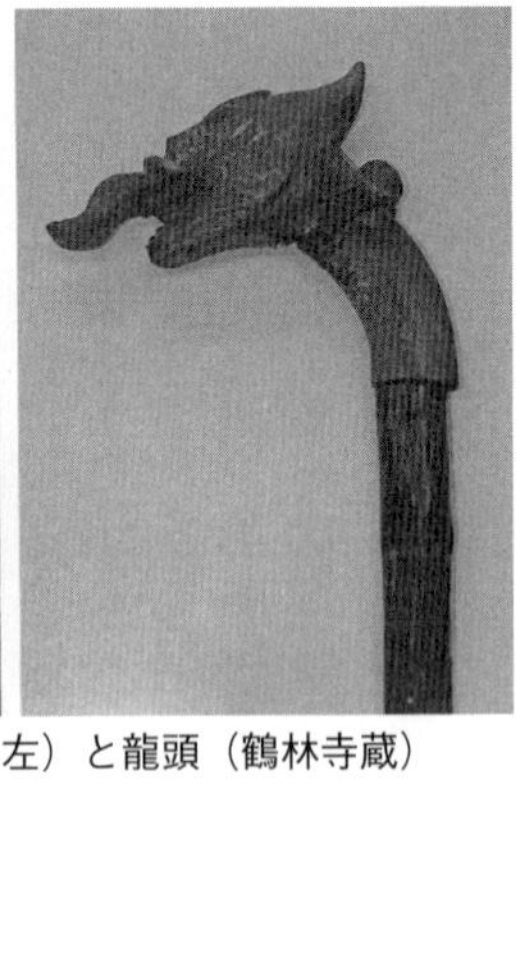

雨乞本尊（水神の玉：左）と龍頭（鶴林寺蔵）

◇おわりに

小栗栖●「播磨の太子信仰—斑鳩寺と鶴林寺」というテーマで進めてきましたが、二つのお寺の太子信仰、いかがだったでしょうか。

斑鳩寺の太子信仰は法隆寺が鵤庄を支配するためにもたらされました。江戸時代には地域社会の力となって聖徳太子が存在し、それが現代社会に受け継がれています。一方、鶴林寺の太子信仰は天台宗という教義のもとで成立し、後に加古庄が四天王寺の荘園になることによって四天王寺の太子信仰と習合したように考えられます。そして聖徳太子を祀ることで雨が降る、というようにその信仰は着実に地域社会に浸透していました。

この鼎談をお聞きいただいて、「新しい発見があった」、「歴史の現場に行ってみたい」と思っていただくことができれば誠に幸いなことです。

本日は斑鳩寺の大谷住職、鶴林寺真光院の吉田住職をお迎えすることにより、播磨の太子信仰と地域社会に根差した太子の実像についてお話をうかがうことができました。本当にありがとうございました。

法隆寺領鵤荘の聖徳太子信仰

田村　三千夫

◎──法隆寺領鵤荘の誕生

推古天皇十四年（六〇六）、太子三十五歳の時、天皇に請われて勝鬘経《しょうまんぎょう》を講じました。そのすばらしさに喜んだ天皇は、太子に播磨の水田一〇〇町歩を贈り、太子は自分の創建した法隆寺（六〇七年創建）に納めました。この地が後に法隆寺領鵤荘《いかるがのしょう》となり、以後、一〇〇〇年にわたって法隆寺を経済的に支え続けました。今の太子町と聖徳太子の関係は、『日本書紀』のこの記事に始まります。

【資料一】『日本書紀』推古天皇十四年条
秋七月、天皇、皇太子を請せて、勝鬘経を講ぜしめたまふ。三日に説き竟へつ。是の歳、皇太子、亦法華経を岡本宮に講じたまふ。天皇、大きに喜びて、播磨国の水田百町を皇太子に施りたまふ。因りて斑鳩寺に納れたまふ。
（小学館　新編日本古典文学全集三『日本書紀』②より、一部改変）

しかし、なぜ聖徳太子は、今の太子町周辺の地を賜ったのでしょう。当時、この播磨の地はどのような場所だったのでしょう。

【資料二】『播磨国風土記』揖保郡条　枚方里・大田里
枚方里。土は中の上。枚方と名づくる所以は、河内国茨田郡枚方里の漢人、来到りて、始めてこの村に居みき。故れ、枚方里と曰ふ。
大田里。土は中の上。大田と称ふ所以は、昔、呉勝、韓国より度り来、始めて紀伊国名草郡大田村に到る。その後分れ来て、移りて摂津国三嶋賀美郡大田村に到る。そが又、遷りて揖保郡大田村に来たり。是に、本の紀伊国大田を以ちて名と為すなり。
（小学館　新編日本古典文学全集五『風土記』より、一部改変）

『播磨国風土記』には、渡来系氏族などがこの地域を開発する話が記されています。そして、それに対応するかのように、弥生時代後期以降、この地では遺跡が急増し、開発が進んでいく様子がうかがわれます。この地は、渡来系氏族が居住して最新のテクノロジーによって開発の進められた地域で、仏教の素地もあったということでしょう。
それと同時に、太子町のすぐ北側、姫路市太市からたつの市揖西町へ古代の山陽道が一直線に走り、そこから揖保川・栗栖川に沿って山陰への道が通じる。南に目を転じると、瀬戸内海が近く、海上交通へのアクセスもいい。聖徳太子は、交通の便がよく、開発が進んで豊かな土地を賜ったといえるでしょう。

そして、賜ったこの地を、太子はみずからのお考えで法隆寺に寄進されました。このことによって鵤荘は、この後、多くの法隆寺領の土地の中でも、特別な地として扱われていきます。

◎――中世の鵤荘と聖徳太子への信仰

◇聖徳太子信仰で守られた鵤荘

さて、このようにして法隆寺領となった鵤荘ですが、古い時代のことはよくわかりません。鵤荘、そして斑鳩寺のことがわかってくるのは、今から一〇〇〇年くらい前、平安時代後期以降のことになります。西暦一〇〇〇～一一〇〇年代になって、資料上に鵤荘や斑鳩寺《いかるがでら》（鵤寺）の名前が出てくるようになります。[1]斑鳩寺の発掘資料でも、十二世紀第四四半期の花菱文軒平瓦が最も古い瓦になります。平安時代後期以降、中世荘園として鵤荘が再整備され、その中で荘園の中央に斑鳩寺が築かれていったのでしょう。

鎌倉時代になると、ご多分に漏れず、鵤荘でも武士による荘園侵略が始まります。源平の合戦に勝利した源頼朝は、平氏方の所領に地頭を送り込みました。鵤荘にも金子十郎家忠が地頭として入ってきて、そして当然のように押領をはじめました。それに対し法隆寺は、鵤荘が聖徳太子御起請の地であるとして、押領の排除を後白河院に訴えました。

【資料三】『吾妻鏡』文治三年（一一八七）三月条
十九日　辛酉　上宮太子の聖跡を重んぜらるるによつて、法隆寺領の地頭金子十郎の妨げの事、停止すべきの趣、去年下知したまふのところ、なほ静謐せざるの由、寺家院宣を帯して訴へ申すに就きて、雑色里久を遣はし、鵤庄の押領を止むべきの由、沙汰に及ぶ。件の庄の事は、太子殊に執し思しめすによつて、載せらるる趣あり。二品専ら聞しめし驚くところなり。
（新人物往来社『全譯 吾妻鏡』①より）

鵤荘の訴えに対し、源頼朝は、「太子が特に深く心にかけられていた」荘園であるとして、金子十郎の地頭職を罷免し、以後、地頭を置くことはありませんでした。頼朝自身、聖徳太子を信仰していましたので、太子が仏教興隆の御起請のために法隆寺に納めた鵤荘を、太子の聖跡として保護しました。そして、後鳥羽上皇と鎌倉幕府が戦った承久の変（承久三年・一二二一）の後にも、青木重元が新補地頭に任じられますが、鎌倉幕府は「聖徳太子御起請の地」を重んじて、重元を罷免しました。

元々、法隆寺は、荘園を治めるために、聖徳太子への信仰を荘園の現地に持ち込んでいました。それは特別なことではなく、石清水八幡宮の荘園であれば総鎮守社として八幡神社を祀り、上賀茂神社の荘園であれば賀茂別雷神社を祀るのと同じで、法隆寺＝聖徳太子の荘園に聖徳太子を祀る、これは至極当然のことです。そして、太子の聖地であるが故に、武士の侵略から荘園が守られた。その結果、鵤荘は、より一層、太子の聖地として整備されていきました。法隆寺の働きかけによってか、荘民みずからが生み出したものか、鵤荘の地に聖徳太子にまつわる伝説が根付いていきました。聖徳太子ゆかりの聖なる空間が形作られていったのです。

そんな鎌倉時代の中頃、下司が起こした事件によって、鵤荘が幕府（六波羅探題）に没収されてしまいました。それに対し法隆寺は、鵤荘返還を訴え、裁判を起しました。その中で、鵤荘と聖徳太子のゆかりを証明するために、太子のお姿として現在「唐本御影」とよばれる聖徳太子像を、そしてほかにも太子ゆかりの品々を鎌倉まで運び、裁判を続けました。その結果、嘉暦四年（一三二九）、鎌倉幕府が法隆寺へ、鵤荘を一円寄進することでこの問題の解決がはかられました。六月三日、御教書が下され、同二十七日、幕府の重鎮・二階堂道蘊《どううん》が、その御教書を直接法隆寺に届けました。

◇峯相記に描かれた鵤荘

この頃に鵤荘の地で語られていた聖徳太子の伝説、形作られた聖徳太子ゆかりの聖なる空間は、中世播磨の地誌『峯相記』や「鵤荘絵図」（法隆寺蔵）の中にみることができます。

【資料四】『峯相記』（貞和四年（一三四八）ころ成立）
同天皇（推古天皇）ノ御宇上宮太子勝万経ヲ講シ給ヘル御布施ニ、当国ニ水田三百六十一町施与ス。鵤ノ庄是也。太子御下リ有テ、四方ノ堺ニ牓示ノ石ヲ埋ミ給。又寺ヲ造リ、斑鳩寺ト名ク。川ヲハ富雄川（富小川）ト云。山ヲハ片岡ト名ク。孝恩寺山ヲハ発心カ谷、檀徳（檀特乎）カ峯ト云、行道ノ峯ニ御馬ヲツナカル。其松近代マテ有ケリ。異香薫シ、光ヲ放チシ故ニ、異香留家ノ庄トモ本トハ云ケリ。〇又大石ヲ破テ夷賊ニ見セテ、三輪川ヨリ　イコマ山ヲナケコシテ播磨国ユスルノ山

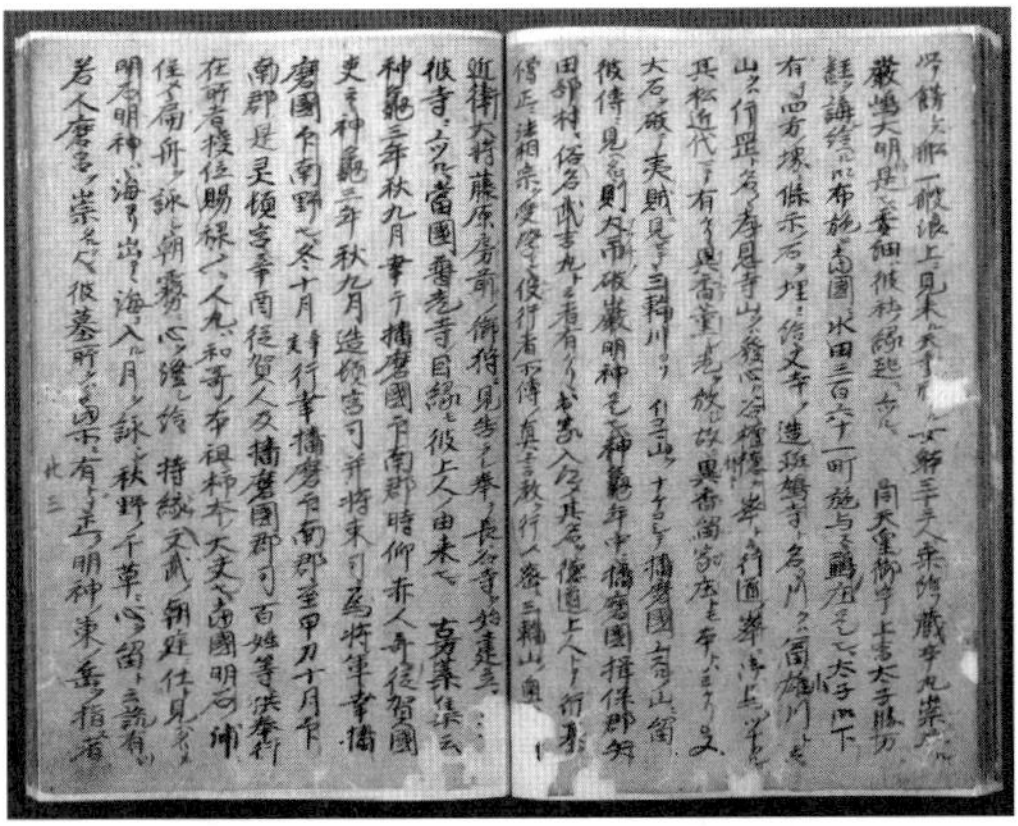

『峯相記』（斑鳩寺蔵）　国重要文化財

ニ留ト彼伝ニ見ヘタル、則大市ノ破巌明
　神是也。
『峯相記』によると、推古天皇から三六一町歩の水田をいただいた聖徳太子は現地に下り、
①四方の境に傍示《ぼうじ》の石（傍示石）を埋めた。
②寺を作り、斑鳩寺《いかるがでら》と名付けた。
③川を富雄川《とみのおかわ》（富小川）と名付けた。
④山を片岡と名付けた。
⑤孝恩寺《きょうおんじ》山(2)を発心《ほっしん》ヵ谷とし（孝恩寺山で仏道への心を発し）、
⑥檀特《だんとく》ヵ峯は行道《ぎょうどう》の峯で（檀特山で修行をした）、
⑦太子はそこの松に御馬をつながれた。
⑧松から異香が香り、光が放たれたので、「異香留家《いかるが》の庄」ともいう。
⑨大石を夷賊に見せて、三輪川から投げると、播磨国のユスルノ山まで飛んでいった。
と記されています。そして、「鵤荘絵図」を見ると、檀特山の所に「黒小馬繋松」と大岩に白

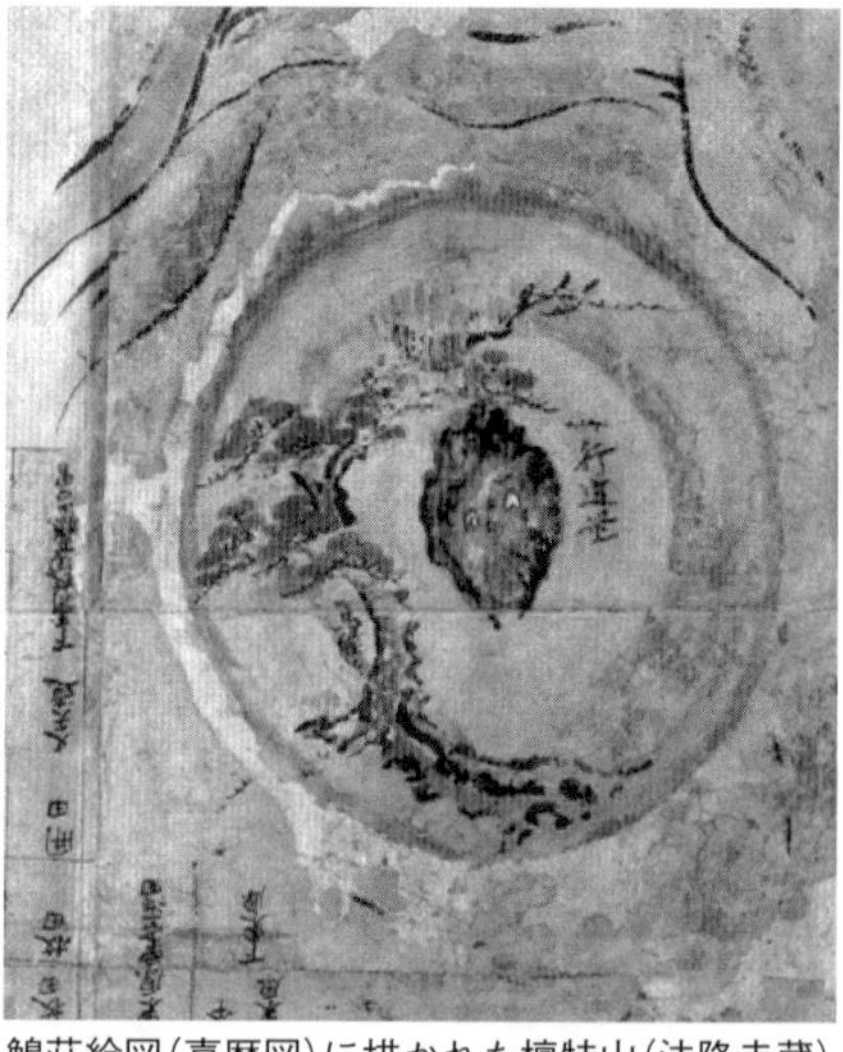

鵤荘絵図（嘉暦図）に描かれた檀特山（法隆寺蔵）

く「黒小馬蹄跡」が描かれ、駒のひづめ跡の伝説が視覚化されています。また、太子が荘園の境界に埋めた牓示の石は、「御牓示石」と表すことで、太子のゆかりが強調されています。「斑鳩寺」は法隆寺の古い名前であり、「富雄川」は法隆寺近郊を流れる川の名前、「片岡山」は飢人伝説で知られる聖徳太子ゆかりの地であり、法隆寺に比される斑鳩寺を中心に、この地に法隆寺周辺の空間が再現され、太子がそこで発心し修行をした。七〇〇年前、鵤荘はこのような太子の聖地として位置づけられ、人々に信じられていたことがわかります。

◇聖徳太子信仰の座・太子講

元々は法隆寺が鵤荘を統治するために持ち込んだであろう聖徳太子への信仰ですが、南北朝の頃までには、太子の伝説とともに地域に根付き、聖徳太子への信仰の力によって、地域が治められていました。地域の有力者たちは、鵤荘の信仰の中心である斑鳩寺で聖徳太子をお祀りする太子講という座《ざ》を作り、祭礼・行事を行いました。そのメンバーであることが地域でのステータスで、彼らを被官として束ねる赤松氏も、聖徳太子信仰、そしてその中心である斑鳩寺を重要視し、保護しました。

この聖徳太子を祀る太子講のメンバーは、古くからの地域の有力者で占められており、新しく力を伸ばしてきた者たちは、ステータスシンボルとして、太子講への加入を目指しました。

【資料五】『鵤庄引付』永正十三年（一五一六）条　斑鳩寺蔵

一永正十三年丙子六月八日ヨリ、斑鳩寺□（築地）修造沙汰之、
（中略）
同捧加之事、同御判赤松殿義村御沙汰也、
拾五石　会米定　法隆寺ヨリ下行之、
拾貫文　赤松兵部少輔殿義村
拾貫文　赤松下野守殿村秀
拾貫文　浦上掃部助村宗
伍拾貫文　当庄宿村円山新兵衛尉
此外寺庵名主百性各々捧加在之、
国中勧進之、　勧進聖　宗玄
筆取　猛海
于時在庄　脇之坊　懐俊

永正十三年（一五一六）年、斑鳩寺の築地塀《ついじべい》修理にあたり、有力者が奉加《ほうが》をしていますが、斑鳩寺の本寺たる法隆寺が米一五石（当時の米価で一〇貫二〇〇文余）、播磨国守護の赤松義村、

西播磨守護代で鵤荘周辺を治めていた赤松村秀、赤松氏の最有力被官で備前国守護代の浦上村宗がいずれも一〇貫文奉加している中、一人円山新兵衛尉が五〇貫文を奉加しています。
この円山新兵衛尉の住む「当庄（鵤荘）宿《しゅく》村」は、たつの市誉田町福田集落の西、林田川東岸にあり、対岸の弘山荘の宿と合わせて毎月一の日と六の日に市を開いて、西播磨有数の町場になっていました。円山新兵衛尉はここで力を伸ばしてきた新興の有徳人《うとくにん》（富裕な商人）だったのです。円山新兵衛尉は、太子講のメンバーになりたくて、そのために斑鳩寺をはじめ、総鎮守社の稗田神社や聖霊権現の修繕の経費を負担し、周辺の荘園との争いを仲介して解決をはかるなど、鵤荘に貢献を重ねていきました。そして、大永二年（一五二二）、法隆寺はその功績を認め、円山新兵衛尉と息子の宗左衛門尉の両人を太子講に出仕させる（メンバーに加える）よう、地元の名主・沙汰人宛に書状を送りました。

【資料六】　法隆寺年会五師頼憲書状案　大永二年（一五二二）　法隆寺蔵
（端裏書）「鵤庄名主沙汰人御中」
当庄稗田宮并下宮之事、久及大破、寺門庄家之大儀候之処、地下衆各々被成同心再興之条、別而於寺門祝着之至候、兼又円山河内守為発起、於両年令修造既其功終候、粉骨之至候、就其惣別彼仁体対寺門庄家、毎篇忠節非一候之間、為褒美河内守内々宗左衛門尉此両人事地下太子講衆仁出仕之事、満寺調群議、被許可候之間、寺庵名主沙汰人衆被得其意、出仕之儀無相違候也、可目出候、尚委細自政所、可有入魂候、
年会五師　頼憲
卯月八日
鵤庄名主沙汰人御中

おもしろいのは、この書状は「案」といって、法隆寺の手元に残された書状の写し、下書きといったものですが、そこで一度書いた宗左衛門尉の名前が消されていることです。太子講への加入について、円山新兵衛尉はまあいいとして、息子の宗左衛門尉はまだだめだと、名主・沙汰人らに拒否されたのでしょうか。

◇斑鳩寺大火と再興

天文十年（一五四一）四月七日未明、戦乱を避けて斑鳩寺境内に避難していた住民の小屋からの出火、斑鳩寺はまたたく間に炎に包まれました。『鵤庄引付』は、無事だったのは十六歳と二歳の二つの太子像だけだったと記しています。

しかしこの火災も、太子に結びつけて考えられました。避難民たちが、聖徳太子の御請言に違反して牛や馬を連れ込み、それでけがれた境内を浄めるとともに、お寺の復興に人々が

力を合わせて太子に結縁することによって、人々を助け救うための御方便であると。そして、観音の化身である太子（像）は、観音経の火坑変成池《かきょうへんじょうち》の理《ことわり》のとおり、大丈夫だったんだと。

　そして、五月二十六日、仮堂を建てて太子像を安置し、八月には鵤荘の公文代の代理が法隆寺から再建の勧進帳をいただき、現地では斑鳩寺再建に向けて動き出しました。楽々山《ささやま》円勝寺の昌仙法師らを中心に、龍野城主赤松政秀や、湯浅河内守忠宗、内海弥三兵衛らの有徳人をはじめ、多くの人々の結縁によって、天文二十年（一五五一）、太子堂が再建されました。他の諸堂も永禄八年（一五六五）の三重塔再建までにおおむね再建され、往事の姿を取り戻しました。また、天文十四年（一五四五）、湯浅河内守忠宗らが太子像を守る四天王像を寄進、同二十四

斑鳩寺三重塔　国重要文化財

年（一五五五）、忠宗夫人の性渓妙本信女が聖徳太子絵伝を寄進するなど、火災で失われた宝物なども調えられていきました。そこには、地域に根付いた聖徳太子への思い、太子信仰の姿がうかがえます。

◎――近世以降の鵤庄の聖徳太子の信仰

天正八年（一五八〇）、羽柴秀吉が播磨を平定し、その知行配分で法隆寺領鵤荘はなくなりました。しかし、斑鳩寺を中心に、聖徳太子への信仰は維持されました。むしろ法隆寺による支配・被支配という関係を離れることで、より深く人々に親しまれるようになっていったようです。中世の信仰が形を変えながら、江戸時代以降、さらに地域に浸透していきました。

◇太子の投げ石

七〇〇年前、『峯相記』で聖徳太子が現地に下って荘園の境に置いた牓示石は、弘山の神様から分けてもらう土地の範囲を決めるために、太子が檀特山の上から投げた「投げ石」になり、いたずらをすると罰が当たる、動かしてはけない大切な石として守られていきました。いつ頃投げ石に変わったのかはわかりませんが、一八〇〇年頃、山の境界争いの時に作られた絵図に

「太子なげ岩」という記載があり（松ヶ下の投げ石）、江戸時代後期までには投げ石になっていたようです。

ところが、そもそも牓示石は鵤荘絵図に「●」で場所が明示されていますが、県の指定文化財の鵤荘牓示石、四カ所ありますが、それらはいずれもその「●」の場所と一致しません。そして、太田牓示石（東出の投げ石）と矢田部牓示石（東南の投げ石）は、まだ荘園の境界上にありますが、平方牓示石（平方の投げ石）と福田牓示石（鵤北山根の投げ石）にいたっては、荘園の境界でも何でもない場所にあります。荘園の境界石ということよりも、不思議の石に太子とのゆかりを求めるということが重要になったようです。

逆に、鵤荘絵図の「●」の場所に石はないのか。ただ一カ所、坊主山のすぐ東の「●」の場

平方の投げ石（平方牓示石）　兵庫県指定文化財

所にだけ石が見つかりました（桜ヶ坪の牓示石）。しかし、この石には投げ石の伝説はみられません。

その一方、太子の投げ石といわれる石が、姫路市勝原区大谷など、ほかにもいくつかあります。太子町矢田部の徳道上人堂裏の用水路のそばにある二つの石も、かつては投げ石ではないか、といわれていました。なぜここにこんな石が？という ような不思議な大石があると、聖徳太子に結びつけられて「太子の投げ石」と考えられたようです。そして、どうもその一つのきっかけが、昭和四十年代以降の歴史地理学者らによる鵤荘の現地調査だったようです。中世の荘園絵図を持って荘園の現地を歩き、荘園を復原する。そのようなフィールドワーク、牓示石探しによって、地域の人々が「太子の石」を再認識し、それによって不思議の石が聖徳太子に結びつけられていった、そのような筋道が見えてきます。

桜ヶ坪の牓示石

◇聖徳太子と檀特山

鵤荘の南東の隅にある檀特山は、中世以来、聖徳太子の聖地と考えられてきました。江戸時代以降もそれは引き継がれ、太子が黒駒で登られ、頂上の大岩の凸凹は黒駒のひづめ跡と言い伝えられています。そして、今は失われた太子が黒駒をつないだ松を再現しようと、頂上に松を植える試みも行われています。

また、山の麓には、太子の説法に感動して、もっとよく聞きたいと転がってきた「太子の感動岩」(3)という大岩があり、その傍らから湧き出す水は、太子の涙水ともいわれています。

昔も今も、檀特山は聖徳太子の聖地と考えられています。

檀特山上の黒駒のひづめ跡

◇斑鳩寺と稗田神社

斑鳩寺は、聖徳太子をお祀りする聖徳太子ゆかりの寺院として、お太子さんと呼ばれています。境内にある神社・聖霊権現社で聖徳太子をお祀りしているのに対し、中世鵤荘の総鎮守社であった稗田神社は、江戸時代には聖徳太子の妃・膳大郎女をお祀りするとされていました。しかし、明治以降は稗田阿礼をお祀りしています。稗田神社は、江戸時代までは斑鳩寺の支配下にありました。明治の神仏分離によって斑鳩寺の下を離れ、祭神が変わったわけですが、それでも、聖徳太子が鵤荘をいただいた時、太子と一緒に大和からこの地へやって来た一族が、故郷の稗田の地から持ってきてお祀りしている神社だとして、聖徳太子とのつながりを語り続けています。

稗田神社

◇聖徳太子ゆかりのお祭り

現在、二月九・十六・十七・十八日に行われている斑鳩寺の御頭会《おとうえ》（勝軍会《しょうぐんえ》）は、中世には斑鳩寺の修正会の中の行事で、正月九・十六・十七・十八日に、太子講が四人の頭人を出して行った、聖徳太子と講堂の三尊、それぞれに対する御行でした。

それが、江戸時代、鵤荘内から選ばれた四人の子供が頭人となって法会に参列し、太子の子供になって健康な成長を祈る行事に変わりました。頭人は、一年間自宅で太子の牛王宝印《ごおうほういん》をお祀りした後、御頭会の当日、家で杯事の式をして、「頭人じゃ」「万歳さいた」と唱えながら斑鳩寺へ向かいます。斑鳩寺では講堂、そして聖徳殿での法要に奉仕し、太子像と対面、そして再び杯事の式を行って親子固めの杯としました。頭人は、その後、聖徳太子の命日の法要、二月二十二・二十三日の春会式で聖徳太子と講堂の三尊に奉仕し、一年間のお勤めを終えます。

また、太子町の東南・東保・平方、た

御頭会（勝軍会）（2012 年）

つの市の福田の四カ村が、斑鳩寺の境内で長さ十数メートルの青竹を威勢良く立てて幡をひるがえらせ、「ホーデンヤ」の掛け声にあわせて踊るように太鼓を叩き、鉦を打つお幡入れ・法伝哉は、元は鵤庄のお盆の行事で、斑鳩寺境内を大松明を持って駆け回っていました。しかし、止まない喧嘩沙汰と火事の危険のため、元禄十四年（一七〇一）にお盆の行事としては永久に停止され、雨乞いなど特別な時にだけその執行が許可されるようになりました。そして、やがて、物部守屋との合戦の凱旋《がいせん》の様子を模したもので、六〇年に一回、斑鳩寺の大開帳に行われる行事といわれるようになりました。

お幡入れ・法伝哉（お幡立て、2009年）

◇聖徳太子と田んぼの用水

林田川から取水する鴨庄の幹線用水路は、赤井《あかゆ》と呼ばれています。今は色の「赤」を書きますが、仏さまに供える「閼伽《あか》」の水からきているといいます。

また、鴨庄の田んぼの水は、林田川の水だけでは足りないため、揖保川から取った水を小宅井の分流・横井で運んで一度林田川に落とし、それを赤井堰で再び取水する独特の用水体系が作られています。その途中に、渇水時、小宅庄の水を太子の土地（鴨庄）へいく横井に取ることのできる「お太子の扉」という樋門がありました。

さらに、林田川東岸、たつの市龍野町中井の蛇心ヶ端にきれいな湧水があり、そこから流れ出た水路も林田川の河川敷を通って、鴨庄の用水になります。この用水で太子が手を洗われたと言い伝え、御手洗井といいます。ところが、近年、農業

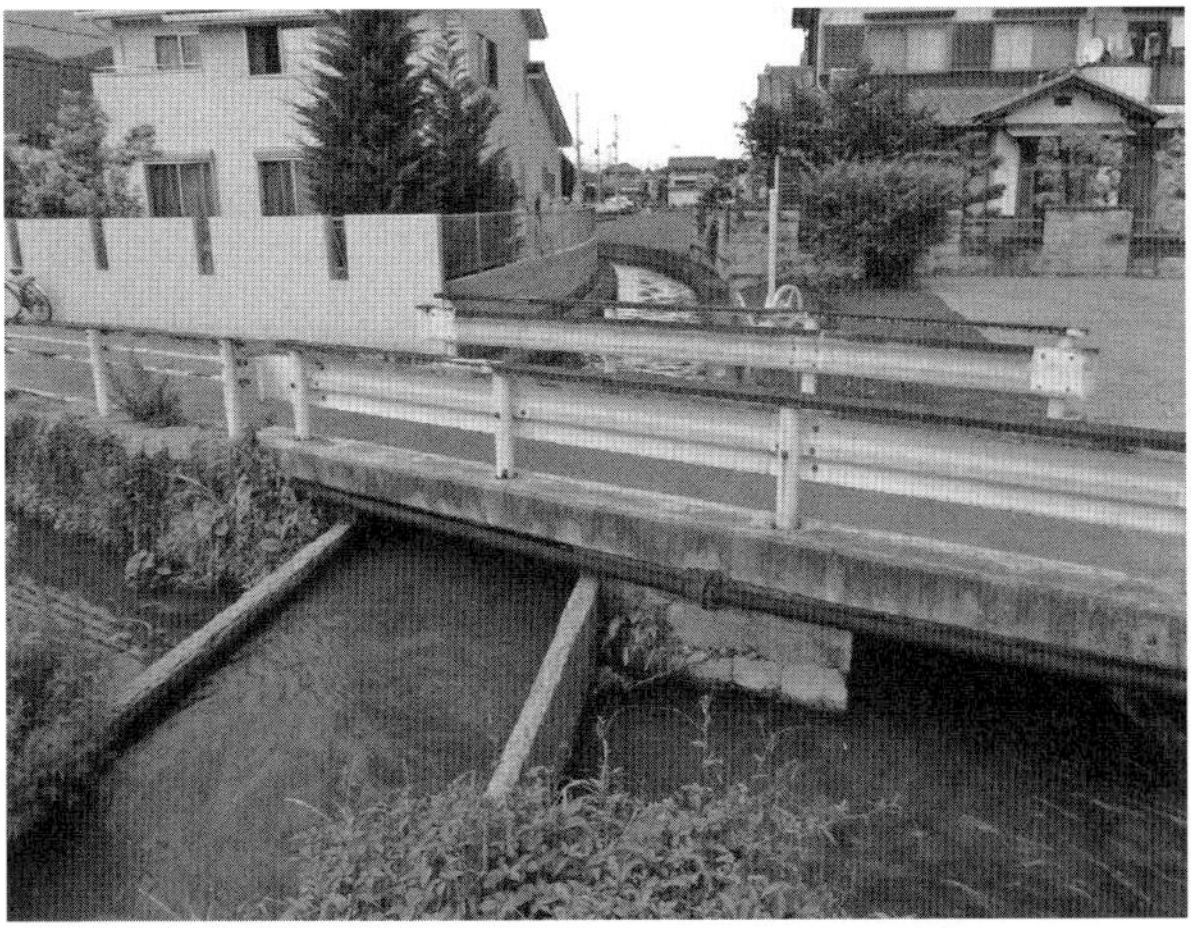

お太子の扉　小宅庄の水を鴨庄に取る樋門

に携わる人が減って「井」が用水のことだとわからなくなると、新たに「聖徳太子が御手を洗われた井戸」というのができて、石碑が建てられています。今でも、いろいろな物ごとを聖徳太子に結びつけ、太子とのご縁を感じようとしているようです。

そして、この水に苦しんだ鵤庄の田んぼを守る神様と考えられたからでしょうか、聖徳太子に祈れば雨が貰える、斑鳩寺の御自筆の御影（聖徳太子勝鬘経講讃図＝口絵掲載）を掛けて雨を祈れば、必ず雨が降るといわれ、太子は雨乞いの神さまにもなっています。

◇失われた太子の伝説

太子を語る伝説が広がりを見せる中で、『峯相記』の時代から失われたものもあります。
太子が名付けた「片岡山」は、現地に適当な山がないからでしょうか、今はありません。「片岡」

御手洗の井　新たに太子と結びつけられるようになった井戸

の名前は、たつの市福田の一部の地名と、そこへ水を運ぶ水路の名前としてだけ残っています。

また、太子が三輪川から投げ、生駒山を飛び越えて播磨の地に落ちた大石の伝説は、神功皇后の伝説に変わりました。皇后が朝鮮出兵にあたって、運試しに姫路の東の麻生山から射た三本の矢のうち、三本目の矢がこの大岩に当たって岩を割った、その矢を御神宝とし、大岩をご神体としてお祀りしたのが破磐神社であるといわれています。

◇おわりに

元々は、鵤荘を治め、外部の勢力から守るために、法隆寺が持ち込んだ聖徳太子信仰が、この地でしっかり根を張り、花を咲かせ、実を結びました。一四〇〇年前の聖徳太子のことはよくわかりませんが、七〇〇年前、ここに住んでいた人たちは、太子がこの地を賜り、この地へやって来ていろいろなことをしてくれた、そのおかげで自分たちは暮らしているんだと信じていました。

それがさらに、この地なりに解釈され、深く地域に浸透して、人々の暮らしと結びついています。その太子像は、日本史上の巨人としての聖徳太子ではなく、氏神様、産土神様というような、自分たちの身近にいる「お太子さん」でした。それが、この鵤荘における聖徳太子信仰のあり様なのでしょう。

ここに住む人たちは、今も聖徳太子とのご縁を求めていて、太子の聖跡は今も再生産されています。一〇〇年後、二〇〇年後、鵤荘の聖徳太子の伝説、太子への信仰はどのように変わっているでしょう。それも楽しみなところです。

〔註〕
（1）鵤荘の名前が資料にはじめて登場するのは、平安時代後期、長暦三年（一〇三九）から九年間法隆寺別当を勤めた親誉大徳の事績の記録（『法隆寺別当次第』）です。斑鳩寺の初出も、松尾大夫桑原貞助が保延四年（一一三八）に行った大般若経一日頓写事業に参加し、第二〇七巻の奥書に署名した「鵤寺住僧慶与」の名前です（広島県三次市の大慈寺蔵、広島県指定文化財）。
（2）『峯相記』によると、孝恩寺は、文永の頃（一二六四〜七五年）、播磨にあった「奇麗の念仏堂」の一つで、鵤の医王平三入道法蓮が建立しました。「鵤荘絵図」から、坊主山の西山腹にあったことがわかります。
（3）同じ檀特山の西山麓に、「徳道上人感動岩」という大岩があります。徳道上人は、大和長谷寺の観音像を建立し、西国三十三所観音巡礼を開いた奈良時代の僧で、檀特山の西の矢田部の出身とされています。

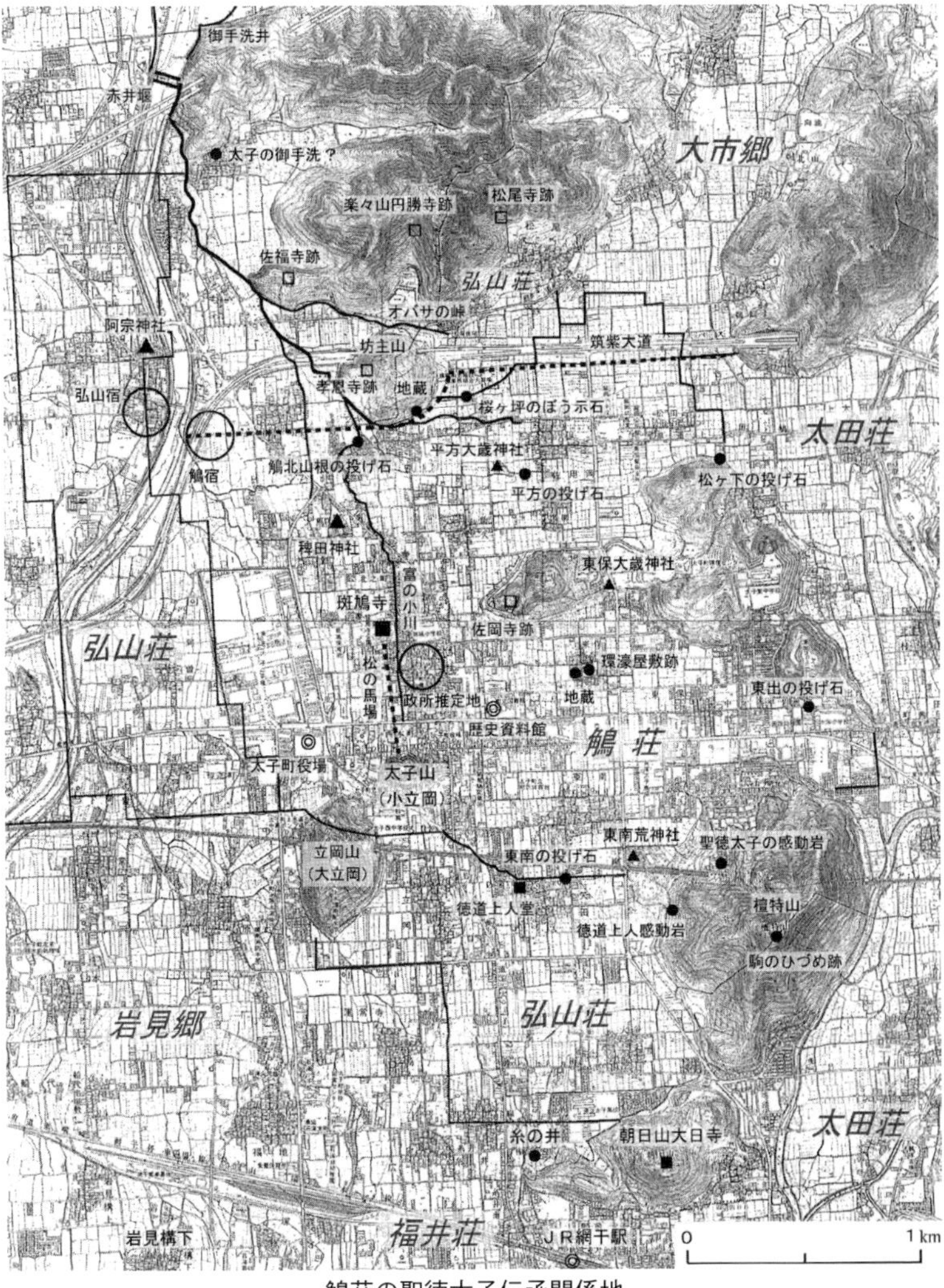

鵤荘の聖徳太子伝承関係地

鶴林寺と聖徳太子信仰

宮本　佳典

東播磨を流れる加古川の河口部は、実り豊かな平野が広がっています。「刀田《とた》の太子さん」として親しまれている鶴林寺は、加古川が瀬戸内海に注ぐ河口部左岸にある寺院で、聖徳太子に関係する伝承や、古代から中世の太子信仰を示す多くの資料を伝える寺院です。

鶴林寺には、兵庫県下最古の木造建築である太子堂と、わが国の中世の折衷様式の建築の典型とされている本堂という二件の国宝建築をはじめ国の重要文化財二一件、県指定文化財一二件、市指定文化財二二件と、指定文化財だけでも五五件を超えるものが保存されています。多くの文化財が伝わる聖徳太子ゆかりの寺院であることから、播磨の法隆寺と称されることもあります。

◎――古代播磨の渡来文化と仏教

鶴林寺のお話をする前に、古代の播磨の地理的な特性や国際関係についてお話しさせていただきます。

『日本書紀』を見ると、神功皇后の頃から白村江の戦いまで、当時の朝鮮半島の百済、新羅、高句麗、そして加耶（任那）などの国や地域との交流がたくさん記されています。戦争への援軍、王族、学者や技術者の往来などです。年代でいうと四世紀中頃から七世紀後半といったところです。

四世紀の終わり頃から、大きな古墳からの出土品を見ると、鉄製の甲冑、武器、農工具、また、金製や金銅製の装飾品が急激に増えてきます。五世紀中頃の姫路市宮山古墳と加古川市カンス塚古墳からは、朝鮮半島南部で作られたと考えられる金製垂飾付耳飾りが出土し、このふたつの古墳に加え加古川市の池尻2号墳からは初期の須恵器のような土器や鉄製武具が出土していることから、朝鮮半島と深い関係のある人物の墓ではないかと考えられています。

加古川市では一九九五年に、五世紀初めに築かれた行者塚古墳の発掘を行いました。出土品の中には、当時の朝鮮半島で加耶と呼ばれていた地域の中でも金官加耶の大成洞古墳群から出土したものとよく似たものをはじめ、当時の海外交流を示すものが数多くありました。加耶で作られた多数の鉄製品、中国晋朝の威信財と考えられる金銅製帯金具、日本の古墳でよく出土する巴形銅器などです。大成洞古墳群の場所は、プサンの空港から電車で三十分足らずのところなので、九州の福岡や対馬から海を渡ってすぐのところです。

六世紀前半になると、ヤマトすなわち古代の日本とつながりの深かった百済が、高句麗に攻められ、当時の日本に援軍要請を行う中で、百済から五経博士の学者や仏像などが贈られています。日本では継体天皇や欽明天皇、百済では武寧王や聖明王の時代です。有名な蘇我稲目と物部尾輿の崇仏論争の結果、仏教が受け容れられましたが、蘇我氏と物部氏の対立が続きます。

この頃には渡来文化として、僧、寺院、仏像などが当時の日本に伝わり、そして広がりはじめていたと考えています。朝鮮半島と当時の日本の政治の中心であった大和、河内、和泉とを結ぶ経路にあり、古墳時代からの渡来文化が根づいていた播磨でも、僧侶をはじめとした仏教文化が広がりかけていたと思います。

六世紀後半になると、いよいよ蘇我氏や聖徳太子らの勢力が物部氏の勢力を抑え、大規模寺院の建立が始まります。奈良飛鳥の法興寺、大阪の四天王寺、奈良斑鳩の法隆寺などです。その中でも、法隆寺は現存する世界最古の木造建築物であり、飛鳥時代の寺院のようすをたいへんよくとどめています。もちろん、世界遺産であることはご存じのとおりです。

播磨の地は、今から千五百年近く前、わが国に仏教が伝来した当時には、古代朝鮮半島の国々と交流があり、多くの渡来人がやってきていました。『日本書紀』敏達天皇十三年（五八四）九月の記載によると、廃仏派によって寺を焼かれ、安置していた仏像までも大阪の難波の堀江に投げ捨てられ、蘇我馬子は百済から帰朝した鹿深臣がもたらした弥勒石像一軀をもらい受けました。そして、渡来人である司馬達等の娘の嶋（得度して善信尼）をわが国初めての得度を受けた僧とするために、司馬達等と池辺直水田のふたりに命じて諸国を訪ね修行者を求めさせました。そのとき、播磨国に住む高麗の還俗僧である恵便法師を迎え、馬子の自宅の東に仏殿を作って弥勒の石像を安置し、三人の尼を招いて法会を営み、石川の邸宅にも仏殿を作ったとされています。また、『元興寺縁起』にも同様に、播磨国に住んでいた還俗した高麗の老比丘の恵便が、老比丘尼の法明とともに迎えられたことが記されています。当時の奈良飛鳥の都からみると、播磨の地は、渡来人が棲み渡来文化が広がっていたところに考えられていたように思います。

このことは、この地域に渡来僧にまつわる伝承をもつ寺院が多いことがあげられます。鶴林寺の寺伝には恵便、百済王に仕えた日本人とされる日羅、そして新羅系の秦河勝が登場するのをはじめ、恵便が居住したという随願寺（姫路市白国）や、恵便が禅定した地という奥山寺（加西市）、高句麗からの渡来僧で後に僧正に任ぜられた恵灌開創の金剛城寺（福崎町）、聖徳太子の師である恵慈が開創し、恵灌と恵是が再興したという乗福寺（姫路市超正寺の前身）、そして百済の王子童男行者開創と伝えられる明要寺（神戸市北区）、高男寺（三木市）など多数の例をあげることができます。

このように、播磨国に住んでいた渡来僧が、わが国における仏法のはじまりに関わっていたという記録や、各地に残る渡来僧の伝承からも、当地域には早くから仏教が伝わりその文物がもたらされていたことは想像に難くありません。

さらに、東播磨地域には、聖徳太子の時代から奈良に都が置かれていた七・八世紀の古代寺院跡が多数存在します。私が勤めている加古川市内だけでも、県史跡として整備されている西条廃寺をはじめ、石守廃寺、野口廃寺、中西廃寺、山角廃寺など多くの奈良時代の寺院跡があります。その中でも、七世紀後期の創建と考えられる西条廃寺と八世紀の創建と考えられる石守廃寺と野口廃寺は、発掘調査により伽藍も明らかにされており、出土した瓦、相輪片や塔心礎、礎石などからも当時の技術を知ることができます。七世紀後半創建の小野市の広渡廃寺は国史跡に指定され、史跡整備公園として整備されています。

この頃の寺院仏教は、国家の保護を受けて発展した国分寺、国分尼寺での護国教典読誦に見られる中央集権的志向が見られる反面、その他の多くの地方寺院は、地域の支配階層をなす地方豪族の私寺としての性格が強かったと思われ、祖霊追善や造寺・造仏による現世利益を求めるという部分もあったと考えられます。そして、このような地方寺院は、当時、池溝開発を積極的に行っていた地方豪族の地域社会における権威を高め、偉容を誇るという機能も果していたことでしょう。

当時の中央の大寺院は各地に寺領を拡大しており、この付近の記録を列記すると、天平十九年（七四七）の『法隆寺伽藍縁起幷流記資財帳』には、明石郡・賀古郡・揖保郡にそれぞれ庄倉一所があったとされており、天平宝字五年（七六一）の『法隆寺縁起幷流記資財帳』には、講法花料（法華経を講じるための費用）として賀古郡に、開田十五町四段を含む一百町の墾田地が法隆寺領として存在していたことを記しています。また、同じく天平宝字五年の『大安寺縁起幷流記資財帳』には、印南郡に大安寺領として墾田五町と伊保東松原が、律師道慈と僧教義により天平十六年（七四四）に献納されています。

この中の『法隆寺縁起幷流記資財帳』の法隆寺講法花料としての賀古郡一百町の墾田地の記録が、後の鶴林寺における法華経信仰と聖徳太子信仰の契機のひとつになったのではないかと思っています。遡ること『日本書紀』推古天皇十四年（六〇六）には、推古天皇が聖徳太子に七月に勝鬘経を講説させたこと、月日は不明ですがその年に、聖徳太子が天皇のために法華経を講説し、その褒美として播磨国の水田百町を太子に贈り法隆寺に施入されたことが記されています。これらの記録は興味深いものです。

それから、『播磨国風土記』の賀古郡（印南郡）大国里条（美保山の西にある池之原）の部分に、石の宝殿のことが書かれていることをご存じの方も多いと思います。そこには「聖徳王の御世」とあるのです。つまり「聖徳太子の時代」ということだと思います。『播磨国風土記』は、奈良時代すなわち七世紀のはじめに編纂されたもので、播磨地域の古代史を考えるうえで欠くことのできない史料です。その部分を読み上げると「原の南に作石《つくりいし》有り。形、屋の如し。長二丈、広一丈五尺、高亦た之の如し。名づけて大石と曰う。伝に云く、聖徳王の御世に、弓削大連の造る所の石なり」と書かれています。弓削大連は物部守屋のことで、守屋は、用明天皇二年（五八七）の丁未の乱で、仏教の礼拝をめぐって蘇我馬子と聖徳太子に対立し滅ぼされます。この勝利によって建立されたのが大阪の四天王寺であるということはみなさんご存じのとおりです。

◎——鶴林寺の伝承

それでは、鶴林寺について見てみましょう。

鶴林寺の寺伝によると、高麗僧恵便が物部守屋の迫害を逃れて播磨に隠棲していた時、聖徳太子がはるばる大和の国からやってきて、木の丸殿を造り、恵便の教えを受けたことに始まり、用明天皇二年（五八七）、三間四面の精舎を建て、釈迦三尊四天王像を祀り、四天王寺聖霊院と号し、養老二年（七一八）、武蔵国大守大目身人部春則が、太子の遺徳を偲んで寺域を拡張し七堂伽藍を造営したとあります。この「身人部春則」が気にかかりますが、どのような人物であったかを知る手がかりがありません。続いて仁寿二年（八五二）、比叡山の慈覚大師円仁が渡唐の安泰を祈願して諸堂の大修理を行ってから、鶴林寺は従来の法相宗を改めて天台宗となり、その

鶴林寺全景（鶴林寺提供）

後、鳥羽天皇の勅願寺となり御宸筆の「鶴林寺」の扁額を賜ったとあります。さらに、四条天皇の文暦元年（一二三四）に勅命により伽藍総修理が行われたとされています。

寺社の創建の由来・功徳などについての伝承を、寺社の「縁起」といいます。縁起は、後世に作られているので、内容が脚色されていて、中には、事実がわずかで、ほとんどが創られたものもあります。したがって、縁起などの寺社の伝承は、その内容をそのまま事実と考えずに、何かを基にした物語で、かなり創作していると思いながら読み解くものであると考えていたほうが無難だと思います。読み解く中で、その縁起がつくられた当時にあった記録や伝承のことを考えることが必要なことです。寺社の縁起や伝承を読み解くことは、現代の推理小説を読み解くことと共通したおもしろみがあります。

鶴林寺の別の寺伝の中に、成立時期不明の『鶴林寺聖霊院縁起』があります。文末に大宝二年（七〇二）沙門聖乗によることが記されていますが、現実として、この時代に作られた縁起と考えることはできません。「聖霊院」すなわち聖徳太子の霊を祀る寺、とあることからも、鶴林寺の聖徳太子信仰が盛んになる時代に作られたと考えられるものです。この縁起には、朝鮮半島の百済からやって来た日羅が百済に帰ろうとしたところ、聖徳太子が神通力で数万の刀を逆さまに立ち並ばせたので日羅はこのことに畏怖した、という鶴林寺の山号「刀田山」のいわれにつうじることが記されています。また、救世観音の化身が聖徳太子であることなども記されています。

聖徳太子の本地が救世観音あるいは如意輪観音であるという考え方は、平安時代後期から室町時代までの聖徳太子信仰につながっています。聖徳太子と同じ意味で、救世観音や如意輪観音が、半跏思惟像や右膝を立てて左脚を跏趺坐にする六臂像がまつられることになります。鶴林寺でも、平安時代末期の半跏思惟像が二臂如意輪観音像とされていますし、太子堂の厨子の前に吊り下げられた南北朝時代の懸仏は、右膝を立てた如意輪観音の姿をしています。

◎――鶴林寺太子堂

鶴林寺の本尊は、平安時代中期十世紀頃の薬師如来坐像で、応永四年（一三九七）建立の国宝の本堂内に置かれる朱漆塗りの宮殿《くうでん》に、日光菩薩、月光菩薩、持国天、多聞天とともに安置されています。その意味では、古代からの薬師信仰の拠点という考え方ができます。なお、これらの仏像は国の重要文化財です。本堂の中には、聖徳太子に関係するものは安置されていません。

しかし、鶴林寺は聖徳太子信仰の拠点として、広く知られています。それは、聖徳太子をまつるようになった太子堂の存在です。言い換えれば、鶴林寺には薬師如来をまつる本堂と聖徳太子をまつる太子堂のふたつの本堂があるようなものです。それでは、太子信仰の拠点である太子堂について考えてみます。

太子堂は、平安時代後期の天永三年（一一一二）に建てられた県内最古の木造建築として知られ、国宝に指定されています。方三間の建物の南側に一間の孫庇を付けた正面三間、奥行四間の建物です。内陣は、内部に四天柱と呼んでいる四本の柱が立ち、その内側が須弥壇になっています。東壁の南側には、秘仏である聖徳太子を描いた壁画を覆う宮殿《くうでん》型の厨子が設けられ

鶴林寺太子堂

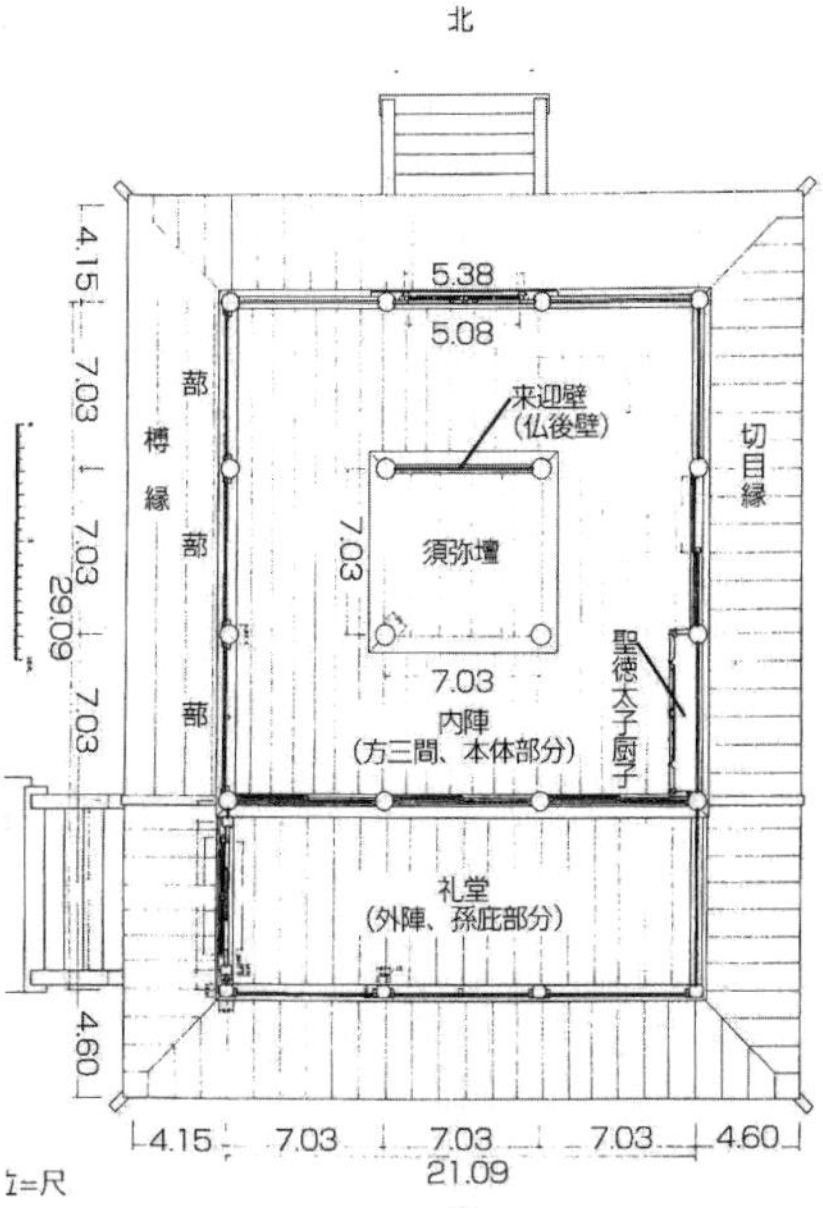

太子堂の平面図
（『鶴林寺太子堂とその美』「太子堂建築の特質と変遷」山岸常人、2007から転載）

ています。

建立年代の根拠は、太子堂の屋根板に正中三年（一三二六）の修理の記録が詳しく墨書されているからです。その中に「鶴林寺法華堂の修理については、太子草創以来、三度目の修理が天永三年、その次の修理が宝治三年（一二四九）、その後、七十九年を経て正中三年に修理し、以上五度目の修理であった」という内容があります。建物の古い部分の様式や組物が三度目の修理の時代と考えることが妥当であることから、太子堂の建立年代が平安時代後期の天永三年（一一一二）とされています。

この屋根板の墨書は、さまざまなことを考える材料です。まず、太子堂と呼ばれるこの建物が、法華堂と呼ばれていた建物であることです。法華堂とは、天台宗の法華経に基づく法華三昧の行を行う仏堂のことで、法華経は大乗仏教の初期に成立した経典であり、誰もが平等に成仏できるという仏教思想が説かれていていることから女性の信仰も強かったといわれています。鶴林寺では本堂を中心に、東側に法華堂である太子堂が置かれ、西側に常行堂が置かれています。常行堂は常行三昧の行を行う仏堂で、阿弥陀如来をまつっています。平安時代後期の摂関時代以降に浄土教の広がりを示す建築様式に、阿弥陀堂建築があります。「一間四面堂」と称される、方三間から五間の方形の堂で、中央の方一間に阿弥陀如来などの仏像を安置し、その周囲に庇《ひさし》をめぐらすもので、岩手の中尊寺金色堂はじめ福島の白水阿弥陀堂、大分の富貴寺大堂などが有名です。

鶴林寺の太子堂と常行堂は平安時代の阿弥陀堂建築の類例と考えてよいもので、中でも太子堂は、中央の方一間の空間全てとその周囲を法華経の世界に装飾した当時の仏堂の典型といってよいでしょう。

次に、秘仏である聖徳太子を描いた壁画をまつった東壁厨子の組物は、修理記録にある年代の中では、正中三年のものと考えることが妥当であるので、十四世紀前半には、法華経信仰に加え、聖徳太子信仰の性格が強くなっていたことがわかります。その他、それぞれの壁画の制作時期などいろいろ考えることができますが、絵画やその中に描かれた風俗の類例などの研究がもう少し必要であると思います。

太子堂の特徴で興味深いこととして、堂内が壁画で装飾されていることがあげられます。長年の燈明などの煤により、表面が煤けてほとんど壁画のようすを確認できなかったのですが、昭和五十年（一九七五）頃の赤外線写真にはじまり、その後の赤外線撮影技術の進歩や蛍光エックス線による成分分析で、鶴林寺太子堂の壁画の全容がわかってきました。その研究成果は、新しい宝物館で復元展示されています。

四天柱の北面の柱間には、大和絵風の景色と人物が生き生きと表現された阿弥陀九品来迎図が描かれている来迎壁が設けられています。この作風は、宇治の平等院鳳凰堂の扉絵とともに、たいへん興味深いものです。来迎壁の裏面、すなわち北側には釈迦が入滅する場面である仏涅槃図が描かれています。この絵画も高野山金剛峯寺の応徳三年（一〇八六）の銘があるものとともに第二様式といわれる形式の涅槃図で最も古い時代のものになります。

四天柱には、十二神将、菩薩、普賢十羅刹女、倶利伽羅龍剣と五童子、不動明王と二童子、孔雀明王などが描かれています。四天柱上部の小壁には、飛天と楽器が描かれ、蔀戸の長押の上部の壁面には千体仏が描かれています。

堂内は、仏涅槃図、浄土絵画、そして密教絵画が混在する空間で、当時の精神世界を考えるうえで、実に興味深いものです。加えて、太子堂の東壁厨子内部には、角髪を結った姿で柄香炉を持つ聖徳太子、二王子、侍臣、僧侶、そして毘沙門天が描かれているとされる秘仏の壁画があります。この壁画は秘仏で、部分的な記録はあるのですが、全体を知っている人はいないと思います。この図が、太子が父の用明天皇の病気平癒を祈った姿である十六歳孝養像なのか、揖保郡太子町の斑鳩寺にある勝鬘経の講讃図のような法華経の講讃図なのか、物部守屋との合戦に臨んで毘沙門天を感応した場面なのか、はっきりと言いきることはできません。私は、斑鳩寺のものと比較対照できるものではないかと勝手な想像をしています。いずれにしても、聖徳太子を描いたものとしてたいへん珍しい画題といえるでしょう。

壁画のことばかり話してきましたが、太子堂の中央に置かれた本尊は、釈迦如来と脇侍の獅子に乗る文殊菩薩と象に乗る普賢菩薩です。その四方には四天王が立ちます。脇侍と四天王は、平安時代後期の院政期のもののように見えます。本尊は、少し新しく鎌倉時代のものです。この制作時期の違いは、太子堂の修理時期と比較して考えるとおもしろいかもしれません。また、東壁厨子の前には平安時代後期とされる聖徳太子及び二王子像が安置されていました。東壁厨子の上部には南北朝時代の如意輪観音と聖観音の懸仏三面が吊り下げられています。

現在、鶴林寺の仏像の多くは、宝物館に保存されていますので、今日お話しした堂内の仏像などが説明したところに見当たらないことがあるかもしれません。このことはお許しください。

◎——聖徳太子信仰を示す資料

続いて鶴林寺に伝わる聖徳太子信仰を示す、仏像や絵画などの資料について見てみましょう。おおむね年代が古い順に紹介します。

まず、先ほどお話しした太子堂東壁厨子前のもので、平安時代後期の仏像である「聖徳太子坐像及び二王子立像」があります(口絵掲載)。この像は、鶴林寺では正座尊像という別名があり、木造聖徳太子坐像としては法隆寺の治暦五年（一〇六九）像に次ぐもので、二王子を従えるものとしては最古の仏像です。角髪を結い両手に柄香炉を持つ孝養像です。二王子は、太子のこどもである山背大兄王と、太子の弟である殖栗王と考えられます。

次に、同じく平安時代後期の「二臂如意輪観音半跏思惟像」（県指定文化財）があげられます。聖徳太子を、半跏思惟の姿の救世観音や如意輪観音として表現することについては、大阪の四天王寺にあったものがよく知られています。四天王寺にあったものは現存せず、図像や記録によって知られています。この鶴林寺の半跏思惟像の如意輪観音は、四十年ほど前までは、頭部だけが平安時代の菩薩像頭部として紹介されていましたが、収蔵庫の中にあった胴体部と頭部が一体のものであることがわかったので、復元修理されたものです。

その次は、重要文化財の絵画である鎌倉時代初期の仏教絵画の優品で荘重な風格をもった「聖徳太子、二王子及び二天立像」（口絵扉掲載）があります。中央に、髪を角髪に結い余髪を両肩に垂らし、朱袍をつけ、袈裟をまとい、柄香炉を両手で捧げて立つ孝養像を描き、左右に山背大兄王と殖栗王の二王子、さらにその左右に四天王を思わせる二天が描かれた五尊形式という珍しい太子画像でもあります。鎌倉時代初期の聖徳太子信仰を示す絵画として貴重なものです。

次は、太子の遺髪が植えられていると伝えられていることから、植髪の太子像と呼ばれている木造聖徳太子立像です。十二世紀後期の鎌倉時代のものと考えられ、玉眼を嵌入する寄木造の全身彩色の孝養像で、頭部に実物の髪が貼り付けられています。上半身に袖無しの衫《さん》、下半身に朱色の大口袴という下衣の姿に造っていて、実物の上衣を着せることを想定した数少ない裸形着装像です。太子孝養像の裸形着装像は、太子の墓所である大阪の叡福寺のものが有名で、全国でも数えるほどしか存在しません。その中で、播磨地方には集中していて、鶴林寺、太子町の斑鳩寺、加西市の奥山寺と三つの寺院でまつられています。いずれも、中世の肖像彫刻の特徴をよく示し、神秘的な雰囲気を感じさせる像です。鶴林寺のものは、平成三十一年（二〇一九）に県指定文化財になっています。もとは太子堂の、室町時代の永享八年（一四三六）の墨書がある重要文化財の木造髹漆厨子の中に納められていました。秘仏のため通常は拝観できませんが、三月下旬の太子会式など特別な日に開帳されています。

太子堂のところで少しお話ししましたが、鶴林寺には四面の南北朝時代の懸仏があります。うち一面は本堂の薬師如来の前のもので、三面が太子堂東壁厨子の上部に吊り下げられたものです。太子堂の中央のものは、膝を立てて左脚を跏趺坐にする二臂像の如意輪観音があり、台座下に「康暦元年（一三七九）八月五日」の小さい銅板が打ち付けられています。向かって左のものは、各部の意匠が中央のものと類似していますが、中央は聖観音菩薩の坐像です。向かって右のものは、仏像は欠失しているもの、裏面の墨書に「観世音」と「観応三年（一三五二）」の墨書が確認できます。これらの如意輪観音をはじめとした懸仏も当時の太子信仰を示す資料といえます。

太子信仰を示すわかりやすい資料として、「聖徳太子絵伝」があげられます。聖徳太子の生涯を描いたもので、法隆寺にあったものは平安時代後期までさかのぼります。全国には、鎌倉時代から室町時代のものが多く伝わっていて、絵解きをしやすいように多くのものが竪幅形式をしています。太子の事績は、奈良時代はじめの『日本書紀』にすでに記されています。その後、十世紀はじめに成立した『聖徳太子伝暦』では、太子が救世観音の生まれ変わりであること、産まれたばかりの太子には香気があったこと、二歳の時に合掌し東に向かって「南無仏」と唱え再度礼拝したこと、十六歳のとき父である用明天皇の病気平癒を祈った孝養のこと、三十五歳のとき推古天皇のため勝鬘経を講じたことなど、太子の伝承は超人として語られるようになります。太子の絵伝は、『聖徳太子伝暦』をはじめとした太子の超人的な事績を絵伝に収めたもので、太子信仰の布教に大きな役割を果たしてきました。

聖徳太子絵伝八幅画第一幅（鶴林寺提供）

鶴林寺の重要文化財の太子絵伝は、八幅の竪幅形式のもので、鎌倉時代末から南北朝時代の十四世紀に描かれたものと考えられます。この絵伝の特徴として、第一幅と第二幅に太子三十一歳の善光寺如来の三国伝来のようすを詳しく描いているということがあげられます。一般的なものは、第一幅から太子の前世・入胎・誕生などから描かれるのですが、鶴林寺の八幅画太子絵伝は、はじめに善光寺如来縁起、続いて太子の生涯が描かれている特徴があります。

八幅画のものと別に三幅画の聖徳太子絵伝（市指定文化財）があります。各幅が目の細やかな三条の絹を用い、周囲は描き表装で、すやり霞に五段ほどに区切られた画面に太子の五十年の生涯を濃彩で描いています。短冊形で太子の歳と事績が記されていて、わかりやすい絵伝です。制作時期は、十五世紀末から十六世紀前半頃の室町時代のものと考えられます。余談になりますが、私は、竪幅形式の「聖徳太子絵伝」を制作した集団が、中世後期に「親鸞聖人絵伝」を大量に制作するようになり、後の浄土真宗の広がりに大きな役割を果たしたと考えています。

次に聖霊会に関係すると考えられるものです。聖霊会は、聖徳太子の忌日である陰暦の二月二十二日をはじめとした時期に、法隆寺や四天王寺をはじめとした太子ゆかりの寺院で執り行われる荘厳盛大な行事です。現在の鶴林寺では、春のお彼岸の頃に執り行われる太子会式であり、「お太子さん」と俗称で呼ばれることもあります。鶴林寺には、この聖霊会で中世に使用されたと考えられる面、持物、楽器などの道具が多数伝わっています。

まず、鎌倉時代から室町時代までの行道面（県指定文化財）が十二面伝わっています。いずれも菩薩の面で、仏菩薩の面を付けての練り供養に用いられたものと考えられます。次に、鎌倉時代から南北朝時代頃の獅子頭（県指定文化財）が二面あります。獅子は行道を先導するものなので、これらの獅子頭は、菩薩の面と同様に練り供養に用いられたものでしょう。

また、寛正二年（一四六一）の墨書がある太鼓胴とともに保存されている大型の鼉《だ》太鼓縁（重要文化財）が二点伝わっています。鼉は竜のような姿をした神獣で、太鼓の縁を火炎のように装飾したものです。そのほか、同時代の鼓胴（市指定文化財）、鉦鼓縁（重要美術品）、太鼓などの楽器、竜頭や振鉾などの舞踊に使ったと考えられる道具などが伝わっています。さらに、鶴林寺に伝わる掛け軸の中に長禄三年（一四五九）の「管弦講中」と記された妙音弁財天画像（市指定文化財）があり、鶴林寺に管弦講という楽団があったことがわかります。これらの楽器や

鼉太鼓縁（鶴林寺提供）

楽団は、聖霊会のためのものだったのでしょう。

鶴林寺の古文書の中には、明応四年（一四九五）の「鶴林寺聖霊会会式次第」という当時の聖霊会の次第を記したものがあり、今まで紹介した面や楽器をはじめ、華やかな会式が執り行われたことを知ることができます。このように、鶴林寺に伝わる文化財から、平安時代の終わりころまでには始まっていた聖徳太子信仰が、中世をとおしてたいへん盛んであったことがわかります。

聖徳太子は、現代でも、大工や木工職人によって信奉されています。太子が百済から多くの番匠（大工、職人）を招請し、高度な建築技術を導入したことから、昔から番匠の間では建築や木工の守護神として聖徳太子を祀ることが盛んでした。鶴林寺には、法隆寺や四天王寺と同様に、番匠らが太子講を組織して参拝することがありました。私が子どもの頃には、大工さんや建具屋さんの家の床の間に、よく聖徳太子のお軸が掛けられていて、その家の主人が、大阪の四天王寺にお参りに行く風習があったことを記憶しています。鶴林寺でも、今から五十年ほど前の昭和四十年代までは、三木市や小野市などをはじめ、各地の太子講の参拝が多かったそうです。寂しいことに現在はそのような参拝はほとんど見られなくなりました。鶴林寺の近世の太子講に関係する資料として、神仏や大工道具のことを記した「番匠規矩」という資料が伝わっています。

鶴林寺の仏像の中で、最も有名で美しいものに金銅製の聖観音菩薩立像があります。美術史の時代区分で白鳳時代という飛鳥時代後期すなわち七世紀中・後期の童顔の仏像です。この仏像は盗賊に盗まれ鋳潰されそうになった時に「アイタタ」と声を発したと伝えられており、「あいたた観音」とも呼ばれています。一説には「愛太子観音」からこのように呼ばれるようになったという説があるようですが、詳しくはわかりません。

その他、鶴林寺には、高麗の僧である恵便法師と伝えられる仏像があります。平安時代中期のものと考えられる僧形坐像の仏像です。鶴林寺の伝承では、恵便が物部守屋の迫害を逃れて播磨に隠棲していた時、聖徳太子がやってきて教えを受けたところが、のちの鶴林寺であるということですから、太子信仰ゆかりの仏像として紹介しておきます。

◎——加古川地域の聖徳太子に関わる伝承と地名

加古川下流東岸部の農業用水として、五ヶ井用水があります。加古川市と加古郡播磨町におよぶ一二六五・七ヘクタールを灌漑するもので、一説には、加古庄、岸南の庄、長田の庄、今福の庄、北条郷の四庄一郷をもって五ヶ井と称したとされ、加古川大堰ができるまでは、五ヶ井土地改良区によって管理されていました。

この用水については、聖徳太子が開削したとか、聖徳太子と日向明神（日岡神社）が相談して開削したと伝えられています。一説には、太子が、五ヶ井堰のあったところにある「上《かみ》の太子岩」、日岡神社の上流すぐのところに「下の太子岩」、そして鶴林寺の塔の先を目印に掘削したというものがありますが、調べてみると地図や標高が全く一直線にはならないので、伝説に過ぎないということをお断りしておきます。日岡神社のすぐ横には、聖徳太子と日向明神が用水を掘削する相談をしたところとする「談合橋」という橋があり、ここから用水路が各方面に分岐しています。

五ヶ井用水の成立時期は、はっきりとはわかりませんが、日岡神社は平安時代の『延喜式』に載っている式内社であること、そして、江戸時代はじめに五ヶ井用水の一部を分けて掘削された新井用水があり、その頃には、この用水が現在と変わらない地域を潤すようになっていたことがわかっています。この五ヶ井用水は、古代から利用されはじめ、中世にかけて整備されていったと考えることができ、鶴林寺の聖徳太子信仰の広がりとも共通したところがあります。

興味深いことに、中世における加古庄《かこのしょう》の鶴林寺の隆盛は、現在の太子町にあたる鵤荘《いかるがのしょう》の斑鳩寺と共通したところが多いといえます。中世までに整備された用水路やため池など灌漑用水、中世をとおして賑わった宿の存在などです。鎌倉時代後半から室町時代にかけての各地の公共的な土木工事については、聖徳太子信仰を含む奈良西大寺流の律僧に活躍があったと指摘する専門家もいます。その他、小さなことですが、鵤荘、現在の太子町に多く残る境界を示すと考えられている牓示石のような大きな石は、加古庄にあたる加古川左岸下流域にも見られます。野口町北野のズンバイ（寸倍）石や加古川町美乃利の石のタライと呼ばれているものなどです。

次に地名について紹介します。昔からの地名の中には、町名や大字の名称からしだいに消えていったものもあります。鶴林寺の近くの加古川市野口町良野には、江戸時代には天王寺村がありました。中世の鶴林寺が、刀田寺、天王寺あるいは四天王寺などと呼ばれていたことに関係するものと考えられます。また、同じく鶴林寺から一キロメートルほど東には、野口町長砂があり、その一部に鵤《いかるが》という集落があります。地元では、『日本書紀』にある、聖徳太子が推古天皇のために法華経を講説した褒美の土地で、後に法隆寺に施入された水田百町の場所であると言っています。その他、鶴林寺本堂にある太鼓胴に「播州賀古郡天王寺村鵤」という墨書があるなど、この地域には、古くから聖徳太子と関わりのある興味深い地名が残っています。

新しい地名としては、近代に九つの村が合わさって鳩里村が成立する時に、聖徳太子と関係の深い鶴林寺を意味する「斑鳩」の一字を使って村名としています。この名は現在も、地区の名称とともに小学校の名称でもあり、太子にゆかりがあるものが身近に感じられます。

◎――中世以降の鶴林寺と聖徳太子信仰

これだけ多くの文化財が伝わっている鶴林寺ですが、古い時代の鶴林寺のことが記された史料はあまり見当たりません。私が気づいた中では、奈良西大寺流の真言律宗を興した叡尊の生涯の記録である『金剛仏子叡尊感身学正記』に、法華山で大法要などの帰路、弘安八年（一二八五）八月九日に叡尊一行が「都田寺」に泊っています。経路から考えて、この「都田寺」が刀田寺、すなわち鶴林寺であると考えられます。叡尊は宿泊のために立ち寄っただけのようで特に記事はありません。また、中世播磨の基礎史料である南北朝時代の『峯相記』に、鶴林寺のことが全く載っていないことは、不思議に思っています。

重要な史料とまでは言えませんが、興味深いものとして、戦国時代を舞台にした軍記物語である『陰徳太平記』二二巻の二に「太子堂合戦」というものがあります。正確には「浦上敗軍并播州刀田太子堂合戦之事」といいます。この書物は、江戸時代の享保二年（一七一七）に出版された戦国時代の山陰地方と山陽地方を中心に、永正五年（一五〇八）頃から慶長三年（一五九八）頃までの約九十年間を記述した軍記物語です。

ここには、山陰の尼子氏の勢力が播磨各地に侵攻していた中で、二千余騎が加古川を渡って、刀田の太子堂に立て籠っていた（鶴林寺の）衆徒らを幾重にも取り囲んだため逃散するしかなかったところ、僧たち五百余騎の衆徒らは聖徳太子の加護があると誰一人引くことがなく、兜の緒を締めて鏃の錆を磨いた、と描かれています。この戦いの結果は、闇夜と深い朝霧で尼子勢が、矢を使い果たし、同士討ちをしてしまう中、衆徒らが打って出たこともあり、尼子勢が大敗したとあります。さらにこの合戦のことが播磨各地に伝わり、（播磨各地の勢力が）蜂起したことになっています。年代は不詳ですが、西暦一五五〇年前後を舞台にしているようです。

鶴林寺には、織田信長や羽柴秀吉からのものを含む十三点の禁制（社寺での乱暴などの禁止事項を示す告知文書）をはじめ、この時代の古文書が残っていて、戦国の中で、寺院を守っていたようすの一端を知ることができます。

その他、境内には、太子が物部守屋と戦った時の鎧を埋めたと伝えられる「鎧塚」があります。この塚については、発掘調査が実施されましたが、遺構は確認されていません。

寺伝によると最盛期の鶴林寺は、寺領二万五千石、数百坊を有する大寺院であったと伝えられています。これは、ちょっと大袈裟だとは思います。そして、戦国時代には、寺領三千石、三十六坊であったと伝えられています。江戸時代になると、寺領一一七石、八坊（一説には十八坊）であったようです。明治時代になり、塔頭が宝生院、浄心院、真光院の三箇寺となって、現在に続いています。

現代の鶴林寺では、一月八日の修正会（鬼追い）、三月下旬の太子会式（春彼岸法要、太子法要、柴灯大護摩供）をはじめ、正月の初詣、二月の涅槃会、五月の花祭り、七月の七夕祭り、秋の観月会（十三夜観月会）、十二月の除夜の鐘などの行事が執り行われています。

聖徳太子信仰ゆかりの鶴林寺は、太子信仰新西国三十三箇所の二七番、西国薬師四十九霊場の二二番、聖徳太子霊跡の二七番、播州薬師霊場の九番、関西花の寺二十五霊場の九番の札所でもあり、巡礼者などの参拝者も迎え入れています。鶴林寺の聖徳太子のマスコットキャラクターの「聖太くん」も現代版の太子信仰の賑わいのひとつといってもいいかもしれません。

文化財にかかわる立場からみると、国宝の本堂や太子堂をはじめとする文化財建造物、そして、宝物館で保存・公開されている多くの仏像・仏画・美術工芸品の存在を考えると、まさしく「播磨の法隆寺」と称されることがよく理解できます。

聖徳太子信仰の展開と特色

吉田一彦

◇はじめに――『日本書紀』をどう読むか

インドで誕生した仏法は、その後東南アジア、南アジアに部派仏教の上座部仏教が伝わり、他方、中国、朝鮮半島、日本、ベトナム、北アジアなどには大乗仏教が伝わりました。アジアにはたくさんの仏法国が誕生しましたが、インドにも中国にも見られない日本の仏法の特色の一つとして〈聖徳太子信仰〉があります。聖徳太子信仰とは、聖徳太子を聖人として敬い、神仏にも等しい存在として崇拝する信仰のことです。聖徳太子をまつる寺としては、四天王寺、法隆寺、広隆寺、橘寺などが有名ですが、中世に勃興した叡尊・忍性らの律宗や、親鸞を開山とする浄土真宗にも強い聖徳太子信仰が見られ、現在も多くの関係寺院に聖徳太子像がまつられています。

養老四年（七二〇）に完成・奏上された『日本書紀』には、聖徳太子は「日本国」の「聖」「聖人」であると記され、神仏にも等しい特別な存在であると描かれています。だから、『日本書紀』に、すでに聖徳太子信仰の始まりが見られます。『日本書紀』は、天武十年（六八一）から約四十年間もの長い年月をかけて国家が記し定めた書物ですが、難解な書物で、はたして歴史的事実をどの程度記述しているのかがまず問題となります。『日本書紀』の〈史料批判〉の問題です（吉田一彦　二〇一六）。これに取り組んだ先人として、津田左右吉という著名な学者がいます。津田の研究をはじめとして、『日本書紀』の〈史料批判〉は近代歴史学において重要な研究テーマになりました。

『日本書紀』には、巻一、巻二に神話が、巻三〜巻三十巻に歴史が記されています。この書物については、二十世紀の研究によって多くのことが解明され、例えば初代天皇とされる神武天皇や、第二代の綏靖《すいぜい》天皇から第九代の開化天皇までの八代の天皇は実在の人物ではなく、創作された架空の人物であることが判明しました。一方、第二十一代として記されている雄略天皇については、埼玉県の稲荷山古墳出土鉄剣銘文に記される「ワカタケル大王」と同一人物だろうと判断されますので、日本列島で最初に領域国家を作った実在の君主であると理解されます。けれど、雄略以前に記される「天皇」については、実在の人物なのか創作上の人物なのか、また仮に実在だったとしても、王であったのか、そうではなかったのかについて解明する作業が必要になります。研究の現段階では、この部分はまだ真偽未定となっています。ただ、第二十六代とされる継体天皇のところで王家の血筋が変わっていることは確実で、『日本書紀』が説く〈万世一系〉の思想は政治的な主張であって、歴史的事実とは認められないことが判明しております。

そうした中で、『日本書紀』の聖徳太子に関する記述についても種々の議論があります。歴史的事実を伝える記述がある程度含まれていると見る学説と、ほとんどが創作だと見る学説とに分かれているというのが現在の学界の研究状況です。近年では、高校の日本史の教科書にも変化があり、たとえば最も多くの高校で使われている『詳説日本史B』(山川出版社)には、今は「推古天皇が新たに即位し、国際的緊張のもとで蘇我馬子や推古天皇の甥の厩戸王(聖徳太子)らが協力して国家組織の形成を進めた」と記述されています。聖徳太子の名は「厩戸王」と表記されるようになり、摂政や皇太子ではなかったことが判明しておりますので、「推古天皇の甥」という肩書で記されるようになりました。また、この時代の政治の中心として蘇我馬子の名が厩戸王よりも前に記され、さらに「三経義疏」は聖徳太子作とはみなせないので、『詳説日本史B』から記述がなくなりました。このように歴史学の研究の進歩にあわせて中高生に対する歴史教育も大きく変わってきました。

◎——聖徳太子信仰の寺院と聖徳太子伝

◇奈良時代後期~平安時代前期の〈聖徳太子信仰〉

〈聖徳太子信仰〉は、奈良時代後期から平安時代にかけて、四天王寺を中心に盛り上がりを見せました。『日本書紀』には、崇峻天皇即位前紀に、蘇我馬子が物部守屋と戦い、若き厩戸皇子が参戦して、「白膠木《ぬるで》」の木で四天王像を作って頭に乗せ、この戦いに勝てたなら寺院を建立しましょうと誓願したところ、勝利することができ、四天王寺が建立されたと記されます。

ですから、『日本書紀』には四天王寺は太子本願の寺だと記されているわけです。それをはじめとして、四天王寺に好意的な記述がなされています。もちろん、これが歴史的事実を伝える記事なのかどうかは問題で、創作された物語（史話）として記されていると〈史料批判〉すべきでしょう。とはいえ、『日本書紀』にこのように記されていることは、四天王寺にとって大きな意味がありました。

他方、『日本書紀』には、法隆寺についての記述は少なく、太子が岡本宮で『法華経』を講説し、斑鳩寺に播磨国の水田百町が施入されたという記述があるものの、火災によって法隆寺が全焼したという記事が記されているなど、全体としてははなはだ冷淡な記述になっています。

以後、四天王寺は『日本書紀』に依拠した聖徳太子伝を説いて聖徳太子信仰を盛り上げていきました。一方、法隆寺はといいますと、『日本書紀』に対抗し、それとは大きく異なる聖徳太子伝を説きました。だから、両寺の太子伝には差異があり、太子の生没年や年齢などの基本情報にすら違いが見られます。四天王寺と法隆寺は奈良時代からライバル関係でした。そこに、さらに広隆寺、橘寺という聖徳太子信仰寺院が参入し、これらの寺院でそれぞれ異なる太子伝が説かれました（吉田一彦　二〇一二a）。

◇聖徳太子の伝記の作成——複数の太子伝

中国には、早く南北朝時代から僧尼の伝記を書くという文化がありました。奈良時代後期、唐から日本へやってきた鑑真一行は、僧や仏法者の伝記を書き、彫刻や絵画などで僧の影像を作るという中国文化を日本にもたらしました。鑑真は中国仏法流の正規の戒律を授けるために日本に招かれ、弟子たちとともに渡来しました。その弟子の一人思託《したく》が、延暦七年（七八八）、日本最初の僧伝となる『延暦僧録』を書き、そこに「上宮皇太子菩薩伝」という聖徳太子伝を収めました。これが日本最初の聖徳太子の単独の伝になります。漢文で書かれました。また、この集団によって、有名な「鑑真和上像」が作られ、これが日本最初の肖像彫刻になりました（蔵中しのぶ　二〇一八）。

その後、中国仏法の文化を模倣して日本の寺院でも聖徳太子の伝記が作られるようになり、また聖徳太子の影像が絵画や彫刻で造立されるようになりました。四天王寺では、最初は絵堂の壁画として聖徳太子の絵伝が描かれました。その後、四天王寺系の聖徳太子伝を集成した『聖徳太子伝暦』が成立しました。法隆寺系の聖徳太子伝は多くが失われてしまいましたが、残存した五つの文をつなぎ合わせて一書とした『上宮聖徳法王帝説』が今日に伝わりました。広隆寺系の聖徳太子伝としては『上宮聖徳太子伝補闕記』があります。また、逸文しか伝わりませんが、最澄の弟子光定《こうじょう》の『伝述一心戒文《でんじゅついっしんかいもん》』に引用されて逸文が伝わる『上宮厩戸豊聡耳皇太子伝』があり、これは橘寺系の聖徳太子伝だろうと考えられます。

◇聖徳太子の生没年・薨去日はいつか

これら四カ寺の聖徳太子伝を読み進めていきますと、あれこれの記述が一致しないことに気づきます。『日本書紀』では、推古二十九年(六二一)二月五日に厩戸皇子が薨去します。すると、太子の仏法の師の慧慈という高句麗の僧が本国でそれを聞き、自分も来年の二月五日に必ず死ぬであろうと誓願し、その通りに翌年の二月五日に亡くなったと記されます。これに対し、法隆寺は、法隆寺金堂の釈迦三尊像の銘文などに、太子の薨去日は推古三十年二月（六二二）二十二日であると記し、『日本書紀』とは異なる薨去年月日を主張しました。亡くなった年も命日も異なります。さらに、慧慈はその翌年の推古三十一年（六二三）二月二十二日に亡くなったと主張しました。対して、四天王寺は太子の薨去日については『日本書紀』に従いますが、慧慈の死去日については、推古三十年二月二十二日だと主張しました。これはなぜかといいますと、法隆寺が太子の薨去日を二月二十二日とするのは慧慈の死去日と混同・誤認しているのだと主張するためだと推定されます。あわせて、四天王寺は、法隆寺が太子は病気で亡くなったとするのに対し、無病で亡くなったと説きます。広隆寺は四天王寺の無病説に従うのですが、薨去日については、法隆寺説に従っています。他方、橘寺は太子の薨去日を推古二十九年二月二十二日としており、法隆寺説と四天王寺説を足して二で割った折衷説になっております。

次に、太子の年齢でありますが、『日本書紀』には太子の年齢は記載されていません。ただ

表1　聖徳太子の薨去日、慧慈の死去日

	史料	太子薨去日	病／無病	慧慈死去日
日本書紀	日本書紀	29.2.5.	記述なし	30.2.5.
四天王寺	聖徳太子伝暦	29.2.5.	無病	30.2.22.
法隆寺	上宮聖徳法王帝説、釈迦像銘	30.2.22.	病	31.2.22.
広隆寺	上宮聖徳太子伝補闕記	30.2.22.	無病	31.2.22.
橘寺	上宮厩戸豊聡耳皇太子伝、明一伝	29.2.22.	逸文なく不明	逸文なく不明

表2　聖徳太子の年齢と生没年

	史料	守屋合戦時年齢	薨去時年齢	生没年
○	日本書紀	15、16歳の間	記述なし	572または573～621
①	聖徳太子伝暦	16歳	50歳	572～621
②	上宮聖徳法王帝説	14歳	49歳	574～622
③	上宮聖徳太子伝補闕記	14歳	49歳	574～622
④	上宮厩戸豊聡耳皇太子伝	15歳	49歳	573～621

し、蘇我馬子と物部守屋との戦いのところに、厩戸皇子の髪形は額で「束髪」にするものだったと記され、それは十五から十六歳の間の少児の「古俗」の髪型であると注記されているので、この時十五もしくは十六歳となります。これによれば、太子は五七二年、もしくは五七三年の生まれということになります。四天王寺は十六歳説を採りました。対して、法隆寺と広隆寺は、これとは全く異なる十四歳説を主張しました。他方、橘寺は十五歳とする折衷説を説き、各寺が異なる見解を主張しました。表1、表2をご覧ください。このように、四天王寺と法隆寺、さらに広隆寺、橘寺では、基本的な情報や説話の中身が大きく異なる聖徳太子の伝記が対立的・対抗的に唱えられました。

◎――四天王寺における聖徳太子信仰の展開

◇四天王寺の聖徳太子信仰

四天王寺系の太子伝を集成したものに『聖徳太子伝暦《でんりゃく》』があります。榊原史子氏の研究によりますと、『聖徳太子伝暦』は、朱雀朝（九三〇～九四六）頃に一巻本として成立し、それが正暦三年（九九二）に増補されて二巻本となり、さらにそれに『四天王寺御手印縁起』の記述が一部付加されて現行本が成立したことが判明しております。したがって、その大筋が成立した年は九九二年と考えてよいと思います（榊原史子 二〇一三）。

内容を見ますと、太子の事績を年齢ごとに記述しておりまして、たとえば太子は二歳の時に東の方に向って「南無仏」と唱えて再拝したというように、○○歳の時に○○をした、となっておりまして、太子の誕生から薨去までの事績を年齢ごとに記述するスタイルとなっています。最初にこの書物を読んだ時は、こういった記述のスタイルは、伝記としてごく自然なものなのだろうと思いました。だが、やがて、これは他寺の説を批判、否定するための特別の書き方であって、挑発的で、戦略的な記述方法であることに気づきました。実は、何年の何歳の時に何をしたのか――それ自体が大きな争点だったのです。

『聖徳太子伝暦』の説は、骨格部分が国家の歴史書として権威のあった『日本書紀』の記述に準拠しています。それが四天王寺の基本的な立場です。その上で、それに独自の見解が付加されています。これにより、『聖徳太子伝暦』は平安時代後期から明治の前期頃までの長きにわたって太子伝の通説となりました。法隆寺の説が重視されるようになるのは、アーノルド・フェノロサ、岡倉天心によって法隆寺の美術の宣揚がなされた明治中期以降のことになります。四天王寺は、摂関政治の時代には藤原道長の手厚い保護を受けるなどして繁栄し、聖徳太子信仰において筆頭の位置を占める寺院でありました。

そうした中、寛弘四年（一〇〇七）に『四天王寺御手印縁起』が出現いたしました。これは、四天王寺の金堂の金の六重塔の中から慈運という僧が発見したというもので、乙卯年（五九五）に聖徳太子が記したという記述を持つ自筆の文書であり、太子の手印二十六顆が捺されるものであります。だが、歴史学・古文書学の研究により、実際には出現の直前に四天王寺で作られた文書であることが判明しております。ですから、これは推古朝の文書としては偽文書ということになります。しかし、十一世紀初頭の四天王寺の思想・信仰の方向性を知る上では重要な史料となります。この文書には、四天王寺の宝塔・金堂は極楽浄土の東門であると記され、この言説の初見史料になります。それから、この文書には日本中世の中核的な思想である「王法仏法相依説」が記されており、上島享氏の研究によってこの思想の初見史料になるものであることが判明しております（上島享　二〇一〇）。「王法仏法相依説」とは、朝廷による政治である「王法」と寺院による「仏法」とが扶《たす》けあい、車の両輪のように連携・補完しあって世の中を統治していくとする思想で、日本の貴族社会や寺院社会で盛んに説かれたものです。

◇四天王寺における聖徳太子信仰と浄土教の結合

さて、四天王寺が極楽浄土の東門となりますと、四天王寺の西門は極楽浄土の入り口に当たるということになります。これにより、平安時代末期から鎌倉時代に、四天王寺の西門付近で西方の大阪湾に沈む夕日を見ながら極楽浄土を「観想」するという「日想観《にっそうかん》」が盛んに行なわれるようになりました。これは『観無量寿経』の思想による信仰であります。西門の外には鳥居があり、これは律宗の僧・忍性《にんしょう》によって鎌倉時代の永仁二年（一二九四）に石製に改築されたもので、現存しております。西門の付近には「念仏所」が造立され、また鳥羽上皇が「念仏三昧院」を建立したことも知られています（菊池勇次郎　一九八五）。

こうした思想の宣揚により、四天王寺西門では、阿弥陀如来を信じ、極楽往生を祈願する信仰が発達し、「南無阿弥陀仏」を称える〈念仏聖〉たちが活動するようになりました。法然門流の証空、空阿弥陀仏らも西門を拠点に活動しており、一遍の活動を描いた『一遍聖絵《いっぺんひじりえ》』にも西門の場面が描かれています。十三世紀前期には西門付近に「談僧処」があり、僧たちが法話を説法していました（菊池勇次郎　一九八五）。このように、四天王寺では十一世紀から聖徳太子信仰と浄土教との結合が進行し、四天王寺の新しい信仰として隆盛しました。

また、四天王寺では、「王法仏法相依説」を表現した聖徳太子像が制作されました。それは右手に笏《しゃく》を、左手に柄香炉《えごうろ》を持つ太子像で、笏は「王法」を、柄香炉は「仏法」を表象するアトリビュートになっております（後藤道雄・吉田一彦　二〇二二）。のち、浄土真宗ではこの姿の像は「真俗二諦像」と呼ばれました。私は、後藤道雄氏の提言に従い、この姿の像を「王法仏法相依像」と呼ぶべきだろうと考えています。四天王寺は度重なる火災で古い法物を焼失してしまい、現存するのは十五世紀の室町時代の絵像なのですが、おそらく平安時代末期にはこの姿の「王法仏法相依像」が作られていただろうと推測されます。というのは、広隆寺に伝蔵されたこの姿の聖徳太子像から間接的にそれを知ることができるからです。

四天王寺西門の鳥居（吉田一彦撮影）

広隆寺の上宮王院に伝蔵される聖徳太子像は、笏と柄香炉を持つ姿の彫像です。この像には墨書銘がありまして、そこからこれが定海という僧によって保安元年（一一二〇）に造立された像であることが判明します（伊東史朗　一九九七）。藤井由紀子氏の研究によりますと、定海という僧は、四天王寺から広隆寺に移った僧で、十四歳で聖徳太子に結縁し、比叡山で三密を学んだ後に遁世して念仏者となったことが知られます（藤井由紀子　二〇一一）。彼が四天王寺から広隆寺に移ってこの姿の造像をしていることから、すでにそれ以前に四天王寺に王法仏法相依像が存在していたと推定することができます。なお、この像は着装像になっておりまして、天皇が即位儀礼で着た服を下げてもらい、あるいはそれと同一の服を下げてもらって、この像に着装させているとのことです。

◎――新仏教における聖徳太子信仰の継承と発展

◇聖徳太子信仰の新しい展開――新仏教と聖徳太子信仰

四天王寺の聖徳太子信仰と浄土教が結合した信仰は、新仏教の、特に律宗と親鸞の集団に継承され、発展しました。親鸞は、常陸国および下総国北部、つまり今日の茨城県で布教活動を行なって一定の集団を築き、のちその集団は、親鸞の弟子・孫弟子の時代になりますと複数の門流に分流して活動しました。私は、それらを〈親鸞系諸門流〉と呼んでいます。一般には〈初期真宗〉と呼ばれることがあります。〈親鸞系諸門流〉は霞ケ浦、北浦の水郷地帯や、利根川、鬼怒川、小貝川、久慈川などが流れる河川地帯から発祥し、非農業民、社会の周縁の人々、そして被差別民の信仰を集めました（吉田一彦　二〇一三a、b）。一方、叡尊、忍性などによる律宗は、ハンセン病患者を教化したことが知られており、奈良の般若寺の東北にあった「北山十八間戸」での活動はよく知られています。律宗や親鸞系諸門流によって、聖徳太子信仰が社会の周縁部の民や被差別民に流布しました。

〈親鸞系諸門流〉の最大の特色は強い聖徳太子信仰を持つことでありました（井上鋭夫　一九六八、宮崎圓遵　一九八七、八九）。それは、私見では浄土教と太子信仰とが結合した信仰と見ることができます（後藤・吉田　二〇一二）。浄土真宗の古寺を訪れますと、聖徳太子像の絵画、彫刻や絵伝が今日に伝えられていることが少なくなく、聖徳太子像の中には「真俗二諦像」（王法仏法相依像）の姿をとっているものがあります（信仰の造形的表現研究委員会　一九八八）。親鸞は、京都の六角堂で活動したことが知られておりますが、六角堂は四天王寺系の寺院でありまして、親鸞はそこで四天王寺の聖徳太子信仰を継承したと理解されます。親鸞が聖徳太子を讃えて作った和讃である『皇太子聖徳奉讃』では、その冒頭から聖徳太子のありがたさ、四天王寺の四箇院のこと、六角堂のこと、六角堂の救世観音大菩薩のこと、『四天王寺御手印縁起』のこと、四天王寺が極楽浄土の東門にあたることなどがうたわれています。親鸞および〈親鸞系諸門流〉の宗教者たちは〈念仏聖《ねんぶつひじり》〉でした。彼らの宗教は、発祥地である現在の茨城県を飛び出し、他の地域へと広域展開していきました。

また、鎌倉時代中後期には律宗が栄えました。四天王寺西門の鳥居を造立した忍性は、四天王寺の『四天王寺御手印縁起』に記される四箇院の活動に感激して各地に療病院や悲田院を造立し、また四天王寺別当にもなっています（小野一之 二〇一一）。忍性は常陸国でも活動しました。親鸞、忍性ともに常陸国で活動したことが注目されます。

律宗を再興した叡尊は、京都の東山太子堂（速成就院）を拠点の一つとしました。この寺は東山の「大谷」の地にあり、その隣には大谷本願寺がありました（林幹彌 一九八〇、和島芳男 一九七一、松尾剛次 二〇〇七）。叡尊は衰退していた旧仏教寺院を次々と再興し、元興寺（奈良県）、不退寺（奈良県）、道明寺（大阪府）、浄土寺（広島県）、称名寺（神奈川県）などに聖徳太子孝養像を造立していきました。

◇親鸞系諸門流の展開

親鸞には弟子や孫弟子がいました。有力な弟子に性信、順信などがおり、有力な孫弟子に顕智、源海などがおりました。親鸞の集団や地盤は、当初は親鸞の実子である善鸞が相続する予定だったと理解されますが、善鸞は性信や顕智といった有力門弟と協調、結束することができず、教義や路線をめぐる論争に敗北し、親鸞集団を追われました。これにより、親鸞の集団は、親鸞の死後、有力な弟子・孫弟子の集団に分流し、それぞれの門流ごとに活動していきました（吉田一彦　二〇二三b）。

各門流は、リーダーとなる〈念仏聖〉が拠点とした地名をその名称としました。また、門流の構成員は「門徒」と呼ばれました。下総国の横曽根を拠点とした性信の〈横曽根門流〉、常陸国の鹿島を拠点とした順信の〈鹿島門流〉、下野国の高田を拠点とした顕智の〈高田門流〉などです。これら〈親鸞系諸門流〉の寺院には、聖徳太子像が多く今日に伝えられており、門流ごとの濃淡はありますが、いずれの門流にも聖徳太子信仰が認められます。したがって、〈親鸞系諸門流〉の聖徳太子信仰は、親鸞に起源する信仰であると理解されます。

茨城県に発祥した親鸞系の諸門流は、やがて坂東（関東地方）の各地に展開し、さらにその分流が比較的近い地域からかなりの遠方まで広域展開していきました。井上鋭夫氏は、初期の浄土真宗は山の民・川の民・海の民、鉱山の金堀の民、運輸・交通業者、そして商人・職人、さらに被差別民などに流布していったと指摘しました（井上鋭夫　一九六八）。各地の浄土真宗寺院に調査に伺いますと、河川の近辺ばかりでなく、琵琶湖の沿岸など湖沼周辺地域にも展開したことが知られます。それで、私は〈川の民〉ではなく〈河川湖沼の民〉と呼ぶようにしています。彼らは、道場の坊主も門徒たちも、河川湖沼に関する仕事を生業とするものが多くいたと理解されます。そうした〈親鸞系諸門流〉の活動によって、聖徳太子信仰は貴族社会・寺院社会の枠をはみ出して民衆世界へと展開し、社会の周縁部や下層民にまで流布しました。

〈親鸞系諸門流〉の中で最大の集団を築いたのは、荒木の源海（光信）を祖とする〈荒木門流〉です。源海が活動した荒木の地は、現在の埼玉県行田市荒木であろうと見る説と、東京都新宿区荒木町であろうと見る説があります。荒木の源海は大部の真仏（平太郎または中太郎）の門弟で、親鸞の孫弟子に当たります。この大部の真仏は高田門流の真壁の真仏とは別人と考えられます。〈荒木門流〉は、源海以後は、①源海の荒木満福寺を継承する海信（寂信）の系統の集団、②善福寺を拠点とした源海弟子の阿佐布の了海（願明）の系統の集団、③甲斐満福寺を拠点とした源海弟子の大庭の源誓（光寂）の系統の集団などに分流して拡大していきました（脊古真哉　二〇〇七）。中でも、阿佐布の了海の集団は西国にも展開して巨大化しました。了海の弟子には誓海（願念）、了円（明光）がおり、誓海は了海の従兄、了円は了海の実子と伝えられています（井上鋭夫　一九六八）。彼らは、法名のほかに坊号を持っています（括弧書きで坊号を記しました）。了海の坊号は願明、誓海の坊号は願念、了円の坊号は明光です。

了円（明光）は鎌倉の甘縄《あまなわ》（現神奈川県鎌倉市甘縄）で活躍し、さらに材木座海岸の弁ケ谷《べんがやつ》高御座《たかみくら》（現神奈川県鎌倉市材木座）に進出してここの最宝寺を拠点に活動しました。了円の弟

表３　了海～了円（明光）の門流の展開（「門侶交名牒」より）

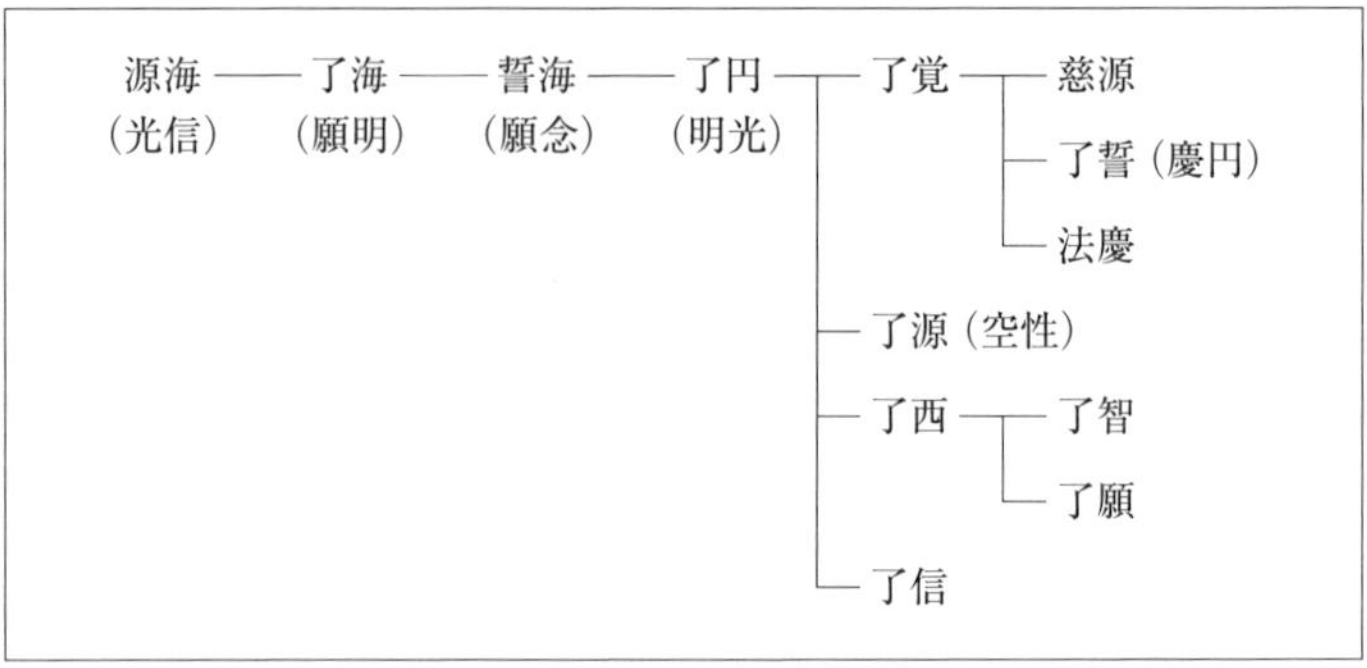

子たちはさらに西日本へと進出していきました。特に注目されるのは、摂津国に展開した了西、京都に展開した了源（空性）、備後国に展開した了誓（慶円）の活動です。了西は、淀川流域の柱本《はしらもと》の地（現大阪府高槻市柱本）に進出し、大阪の〈親鸞系諸門流〉の中心となりました。さらに、了西の弟子もしくは実子と考えられる了智や了願が、摂津国の三島や溝咋《みぞくい》（溝杭）を拠点に大きな集団を形成しました（吉田一彦　二〇一二）。
一方、了源は、鎌倉武士の大仏維貞《おさらぎこれさだ》の家人の肥留《ひる》維広《これひろ》に仕える中間で、名を弥三郎と言いました。それが、主人が京都の勤務になり、それに近侍して京都に行き、やがて京都で了円門流の分流となる渋谷《しるたに》門流（仏光寺門流）を築きました。その本寺となった渋谷の興正寺（のち仏光寺と改号）はのちの仏光寺派の中心寺院となりました。
また、了円の弟子の了覚の弟子、つまり了円の孫弟子に了誓（慶円）という人物がおり、彼は備後国へ行って了円の門流の教えを広めました。それが拠点としたのは沼隈郡の山南《さんな》の地で（現広島県福山市沼隈町）、その道場はのちに光照寺を称しました。これが中国地方の親鸞門流の中心道場となりました。このように、了円の門弟たちは大阪、京都、広島など近畿地方、中国地方に進出していきました。

◇親鸞系諸門流における聖徳太子信仰の意味

永和三年（一三七七）、浄土宗の聖冏《しょうげい》という僧は『鹿島問答《かしまもんどう》』を著し、常陸国鹿島の地で活動していた親鸞門流の信仰を批判しました。『鹿島問答』第九には、念仏者の中には、聖徳太子を観音・勢至《せいし》よりも「正」と安置し奉《たてまつ》り、聖徳太子を「本尊」として安置するものがいるが、それで「専修念仏《せんじゅねんぶつ》」といえるのかはなはだ疑問であるとの批判がなされています。聖徳太子像を「本尊」とするのは「専修念仏」（もっぱら「南無阿弥陀仏」の称名念仏に専心する信心）の教義と矛盾しているとする批判です。また、同書第十では、彼らは聖徳太子の本地が救世観音であるから聖徳太子像を「本尊」とするのだと述べるが、同時に観音菩薩像の造立は雑行《ぞうぎょう》にあたるなどとも述べていて自己矛盾しているとする批判も述べられています。この聖冏による批判と、〈親鸞系諸門流〉の聖徳太子像の多数の現存事例をあわせ考えれば、〈親鸞系諸門流〉の道場では聖徳太子像を「本尊」としたり、阿弥陀如来像と聖徳太子像とを並置したりするところが多かったのだろうと理解されます。

〈親鸞系諸門流〉はなぜ聖徳太子を信仰したのでしょうか。今堀太逸氏は、律僧・禅僧・三昧僧などの下層の僧は、仏菩薩の導きによる往生が難しい存在であり、同時に仏菩薩の垂迹とされた日本の神々にも嫌われた存在であって、聖徳太子に結縁することによって、つまり聖徳太子を通じることによってはじめて極楽往生が成し遂げられる存在だと自己認識していたと指摘しています（今堀太逸　一九九〇）。阿弥陀仏の直接の救済から見捨てられ、神々にも嫌われた下層の僧がおり、そうした彼らを極楽浄土に導いてくれる存在として聖徳太子が信心されたのだといいます。私は、この今堀氏の理解は妥当なものであり、〈親鸞系諸門流〉では、聖徳太子を信仰することが極楽往生の回路と位置づけられていたと理解しています。

聖徳太子という回路を通じて極楽に往生するとする教説は、経典の説くところとは異なるものです。「浄土三部経」など阿弥陀信仰系の経典には、阿弥陀如来は極楽往生を求めるすべての人々を極楽世界に導いてくれると記されています。だから下層の僧や〈念仏聖〉でも、直接、阿弥陀如来に結縁することが可能なはずです。しかし、それとは異なる教説が創出されて語られました。それは日本の仏法独自の教説であって、聖徳太子信仰の深化と大衆化の中で生み出された新しい教説と理解されると思います。

親鸞は〈念仏聖〉でありましたが、その信仰は四天王寺・六角堂の信仰の流れを汲んでいました。笏と柄香炉を持つ様式の聖徳太子像は、四天王寺や広隆寺だけではなく、〈親鸞系諸門流〉でも依用されるようになり、しばしば本尊としてまつられました。

私は、聖徳太子信仰を〈天皇代理者への崇拝〉という概念で捉えています。聖徳太子信仰は〈親鸞系諸門流〉や律宗の活動によって大衆化を遂げ、社会の深部へと浸透し、これによって天皇制度が広く日本社会に流布、浸透していったと考えています。天皇制度は七世紀末に成立し、以後、時代の進展の中で変化しながらも今日まで続いてきました。私はそれを〈天皇制度〉の発展の過程ととらえるべきだと考えております。聖徳太子信仰の深化は、天皇制度の社会への流布、浸透に大きな役割を果たしました（吉田一彦　二〇二〇）。

◇親鸞系諸門流の聖徳太子像と太子絵伝

次に、〈親鸞系諸門流〉で依用された真俗二諦像（王法仏法相依像）の初期の現存事例について具体的に見ていきたいと思います。表4は『真宗重宝聚英　七』（信仰の造形的表現研究委員会　一九八九）を参照し、それに若干の私見を加えて作成したものです。この表をご覧ください。

一番目の京都市上京区の仏光寺蔵の像は、右手に笏、左手に柄香炉を持つ像で、元応二年（一三二〇）の銘を持っております。仏光寺は了円門流の了源の本寺であり、仏光寺派浄土真宗の

表４　親鸞系諸門流の真俗二諦像（王法仏法相依像）（『真宗重宝聚英』七より、一部筆者加筆）

所蔵	所在地	成立年代	備考
仏光寺	京都府京都市	元応２年（1320）	
善重寺	茨城県水戸市	14 世紀	
上宮寺	愛知県岡崎市	南北朝時代	
聖徳寺	福井県足羽郡美山町	嘉暦２年（1327）	
永勝寺	神奈川県横浜市戸塚区	前身像は古態	修復像か
長徳寺	神奈川県厚木市	室町時代	
妙源寺	愛知県岡崎市	15 世紀前期	
万福寺	愛知県名古屋市緑区	15 世紀前期	
本證寺	愛知県安城市	15 世紀前期	
願照寺	愛知県岡崎市	室町時代末期	

本山です。了源は建武三年（一三三六）の没ですから、この像は了源在世中の造像であります。

次に、水戸市酒門町にある善重寺像のものはよく知られた美しい像で、右手に笏、左手に柄香炉を持っております。これは十四世紀初期に制作されたもので、寛文十一年（一六七一）、水戸藩から善重寺が拝領しました。後藤道雄氏によりますと、もと大山慈願寺の像で、それが善重寺に入ったものだとのことであります。慈願寺は金堀たちの寺院で、常陸国の奥郡（現在の茨城県の北部一帯）の門徒の有力者と思われる善明の開基の道場であったと推定されています（後藤道雄・吉田一彦　二〇二二）。

次に、安城市野寺にある本證寺蔵の像は右手に笏、左手に柄香炉を持つ像で、本證寺太子堂の本尊であります。〈親鸞系諸門流〉の道場にはしばしば太子堂が造られ、そこに聖徳太子の彫刻または絵画がまつられ、人々の信仰を集めました。本證寺は真宗の三河三ヶ寺の一つであり、絹本着色の『聖徳太子絵伝』十幅をはじめとして複数の貴重な絵伝類が所蔵されることでも知られています。

なお、岡崎市上佐々木町の上宮寺も真宗の三河三ヶ寺の一つで、かつて右手に笏、左手に柄香炉を持つ聖徳太子像が所蔵されていたのですが、残念ながら昭和六十三年（一九八八）八月の火災で焼失しました。

聖徳太子立像（真俗二諦像）　本證寺蔵（愛知県安城市）

次に、岡崎市大和町にある妙源寺の聖徳太子像は右手に笏、左手に柄香炉を持つ像で、十五世紀前期のものと判断されます。

それから、〈親鸞系諸門流〉ではしばしば聖徳太子絵伝が作成され、依用されました（村松加奈子　二〇〇八、脊古真哉　二〇一一）。それらでは、基本的には四天王寺系の太子伝である『聖徳太子伝暦』のコンセプトに従って、年齢順に太子の行実が描かれています。昨年（二〇二一年）から今年（二〇二二年）にかけて〈聖徳太子千四百年御聖忌記念〉の展覧会が複数開催され、多数の聖徳太子絵伝が展観されました。法隆寺所蔵のもの、四天王寺所蔵のもの、六角堂所蔵のものなど貴重な絵伝が多数現存しておりますが、展覧会を拝見して、あらためて浄土真宗寺院に多くの聖徳太子絵伝が伝わっていることを再確認いたしました。

先に紹介しました本證寺蔵の『聖徳太子絵伝』は著名なもので、大変貴重なものだと思います。また、茨城県の事例では、坂東市の妙安寺蔵の『聖徳太子絵伝』や、先の水戸市の善重寺が所蔵する『聖徳太子絵伝断簡』を展覧会で拝見することができました（和州総本山四天王寺他　二〇二一）。他に、中部地方の事例としましては、愛知県岡崎市満性寺旧蔵（静嘉堂文庫現蔵）のもの、愛知県岡崎市勝鬘皇寺所蔵のもの、富山県南砺市瑞泉寺所蔵のものなどがよく知られています。

なお、四天王寺には著名な六幅本の聖徳太子絵伝が所蔵されていますが、そのほかにも、二幅本の『聖徳太子絵伝』が所蔵されています。これは近代の流入品とのことでありますが、もとは荒木門流の寺院で依用された『聖徳太子絵伝』と推定されており、〈親鸞系諸門流〉の荒木門流の信仰を考察する上で重要な事例になっております（石川知彦　二〇二一）。さらに、先に触れました、了円門流が備後国に展開して成立した福山市の光照寺にも、時代はやや下りますが、聖徳太子絵伝が所蔵されています。

◎――播磨国における〈親鸞系諸門流〉の展開

◇兵庫県赤穂市永應寺の立地と法物

最後に、播磨における〈親鸞系諸門流〉の展開についてお話ししたいと思います。赤穂市中広に永應寺という浄土真宗の寺院があり、重要な法物が今日まで伝蔵されております。今日は、この寺院の歴史と文化財についてお話しさせていただきたいと思います。私は、脊古真哉氏との共同の調査の中で、二〇〇〇年三月二日に聞き取り調査、法物調査・写真撮影をさせていただく機会にめぐまれました。その折、御住職から、かつて永應寺は川の中州にあったというお話をうかがいました。そこから、この寺院の前身道場もやはり河川湖沼の民に関係するものである可能性が高いことを知りました。その後、川の中州からは移転しましたが、現在も千種川の河口部近くの赤穂大橋西側に立地しています。さらに、現在地は海に近く、門徒には著名な田淵家など塩業に関わる民がいることから、海の民、特に製塩関係の民（塩作り、燃料運搬、製品運搬）と深く関係する寺院であった可能性が高いと理解されます。なお、同寺の門徒は、遠く鹿児島県の甑島《こしきじま》（甑島列島、上甑島・中甑島・下甑島）にもあり、甑島にはかつて永應寺の説教所があったとのことでありました。

永應寺の前身は〈親鸞系諸門流〉の道場だったと理解されますが、十五世紀後期、善祐という僧が本願寺住持であった蓮如と提携し、本願寺の傘下に参入しました。永應寺には多くの法物が伝蔵されていますが、本願寺集団に参入以前の時代の法物と、本願寺集団に参入以後の時代の法物の両者が現存しており、どちらも大変貴重です。

まず、後者でありますが、本願寺から永應寺に下付された「方便法身尊像」と呼ばれる阿弥陀如来の絵像が三点伝えられており、そのいずれにも裏書があります。一番目の方便法身尊像（九八・六×四〇・〇cm、のち料絹を増広して一一一・〇×四九・九cm）の裏書（別幅、五三・〇×二〇・五cm）には、「方便法身尊形／本願寺釋蓮如（花押）／延徳二年〈庚戌〉四月廿八日／播州阿古郡／中村／願主釋善祐」とあります。ここから、この像は、善祐が本願寺集団に参入したときに蓮如から下付された方便法身尊像であると理解されます。延徳二年（一四九〇）のものです。この絵像の写真は『蓮如方便法身尊像の研究』（同朋大学仏教文化研究所　二〇〇三）に掲載しました。

次に、二番目の方便法身尊像（五六・七×二五・七㎝）に貼付される裏書（三八・五×二一・〇㎝）には、「□法身尊形／大谷本願寺釋證如（花押）／享禄五年〈壬辰〉二月十五日／播州赤穂郡／阪超庄中村／願主釋法言」とあります。こちらは享禄五年（一五三二）に本願寺の證如から下付されたものです。三番目の方便法身尊像（四一・一×一九・六㎝）に貼付される裏書（三〇・七×一四・〇㎝）には、「方便法身尊形／大谷本願寺釋證如（花押）／天文四年〈乙未〉八月十一日／善祐門徒播州赤穂郡／宇念庄井内村惣道場物」とあります。ここから、これは永應寺前身道場自身に下付されたものではなく、その末道場が宇念庄井内村にあり、そこに天文四年（一五三五）に本尊として下付されたものであることが判明します。

さらに、永應寺には、一基の蓮台の上に「帰命尽十方無㝵光如来」の光明十字名号を籠文字で描いた方便法身尊号（一〇七・八×三八・五㎝）が所蔵されており、それに貼付される裏書（五九・五×二八・七㎝）には、「方便法身尊號／大谷本願寺釋実如（花押）／明應□年〈戊午〉四月一日／播州赤穂郡／坂越庄中村／願主釋善祐」とあります。これは干支から明応七年（一四九八）に本願寺の実如から下付されたものであることが知られます。以上の三点の方便法身尊像とこの方便法身尊号の写真は、『播磨と本願寺』（兵庫県立歴史博物館　二〇一四）に掲載されております。

他に、本願寺系の法物としては、寺伝で蓮如筆と伝える御文「侍能工商之事」（三一・九×六三・三㎝）、寺伝で蓮如筆と伝える双幅の正信偈文（紙本墨書、一〇〇・七×三五・九㎝、一〇〇・五×三五・九㎝）、寺伝で如信筆と伝える六字名号（紙本墨書、草書体、七一・三×二四・六㎝）などがあります。この六字名号は、筆跡から如信筆ではなく、順如筆と考えられます。これらから、蓮如だけでなく、蓮如長男の順如や、五男の実如も善祐と深く関わっていたことが知られます。

◇永應寺の初期の法物

次に、永應寺前身道場が本願寺集団に参入する以前の法物として、「南無阿弥陀仏」の光明六字名号（五二・三×一七・九㎝）が現存しています。これは大変に貴重なものです。寺伝では〈覚如上人六字名号〉と伝えますが、事実はそうではなく、光明本尊の一部を切り取ったものであろうと考えられます。光明本尊とは、〈親鸞系諸門流〉の二、三の門流で盛んに依用された法物で、光明を発する「南無不可思議光如来」の九字名号、「帰命尽十方無旱光如来」の十字名号、「南無阿弥陀仏」の六字名号など（八字名号を用いる場合もある）を籠文字で描き、その間に釈迦如来立像、阿弥陀如来立像を描き、さらに向かって左上方にインド・中国の高僧、右上方に日本の先徳や聖徳太子とその眷属の影像を描く画像です（信仰の造形的表現研究委員

会　一九八七）。これは一枚の画面に多数の多種多様な尊格を描くもので、〈親鸞系諸門流〉で依用された曼荼羅ともいうべき法物になっています。光明本尊には、しばしばその門流の高僧・先徳たちが描かれており、そこからそれがどの門流で依用された法物なのかが判明いたします。荒木門流の光明本尊では、真仏、源海、了海、誓海、了円などの門流の先徳たちの複数の影像が描かれております。
永應寺蔵の「南無阿弥陀仏」の六字名号には、名号から二十六条の光明が放たれていますが、それとは別に中央から放たれてきたと推定される六条の光明が描かれており、角度が異なる二種類の光明が描かれています。ここから、これが、光明本尊の向かって左下方の部分を切り取って一幅に表装した〈光明本尊断簡〉であることが知られます。としますと、永應寺にはかつて光明本尊が所蔵されており、今日ではその一部分が切り取られて表装され、襲蔵されてきたと理解されるでしょう（なおこの理解はすでに石川知彦氏によっても示されています。龍谷大学龍谷ミュージアム　二〇一六）。永

光明本尊断簡（六字名号）
永應寺蔵（兵庫県赤穂市）
（脊古真哉・吉田一彦撮影）

應寺前身道場は本願寺集団に参入する以前から隆盛しており、蓮如期に本願寺傘下に参入しますと、本尊として方便法身尊像が下付されますが、それ以前には、この光明本尊が本尊として道場にまつられていたと推定されます。

御住職から伺ったお話によりますと、かつて永應寺では水害があって法物が水につかる被害があったといいます。としますと、その水害時に光明本尊を今の形に改変したとも考えられますが、あるいは本願寺集団に参入した後に、非本願寺系の本尊である光明本尊を今の形に改変して本願寺系の法物と調和させるようにしたとも考えられるかもしれません。

なお、永應寺には、本願寺集団に参入する以前の法物である可能性があるものとして、親鸞木像、山越阿弥陀像に善導（半金色）と法然を描く画像（絹本著色、六一・三×三一・一cm）なども所蔵されており、注目されますが、それについての考察は別の機会にしたいと考えます。

◇播磨に展開した親鸞系の門流

光明本尊は荒木門流において多く用いられました。了海の門流の了円の門弟として出発した了源は、了円門流から分流して仏光寺門流を築きましたが、この了源の門流ではやはり光明本尊が多用されました。兵庫県では、神戸市長田区の高福寺、姫路市大津区の佛性寺といった仏光寺派の寺院に光明本尊が伝えられております。了源の門弟に空円という〈念仏聖〉がおり、彼は現在の大阪府北部で活動しつつ、兵庫県方面にも活動を展開していました。

播磨では南北朝時代から了円の門流が展開を始めたと推測されます。了円門弟の了源の門流が京都から播磨へ、あるいは同じく了円門弟の了西の門流が摂津から播磨へと活動を展開したと推定され、阿弥陀信仰とあわせて聖徳太子への信仰が熱心に説かれたものと理解されます。永應寺の前身道場も広く了円の門流の道場の一つであったと考えられますが、それが了源の系統だったのか、あるいはそれ以外の系統だったのかは残された史料からは判然といたしません。しかし当時の〈親鸞系諸門流〉の展開の様相や所蔵される光明本尊断簡から考えて、了円門流の西日本への展開の中で形成された道場として出発した蓋然性が高いと考えられます。

やがて十五世紀後期、本願寺住持が蓮如・順如・実如の時代になりますと、本願寺の活動によってその傘下に参入する門流、道場・寺院が日本各地に数多く現われるようになり、本願寺は大きく規模を拡大して隆盛しました。この動向の中で、播磨でも本願寺集団の勢力が大きくなりました。蓮如・順如・実如によって、〈親鸞系諸門流〉のかなりの部分が本願寺傘下に組み入れられ、永應寺も本願寺傘下の寺院となり、その後の歴史を歩んでいきました。

◇おわりに

本日は、『日本書紀』が成立した七二〇年から戦国時代の十六世紀までの、長い期間にわたる歴史をお話しさせていただきました。日本の仏教史を貫く聖徳太子信仰の成立や展開、その特色がおわかりいただければ幸いでございます。
この分野に関心があり、聖徳太子信仰についてさらに深く知りたいという方は、末尾に掲げました参考文献をお読みいただければと思います。『『日本書紀』の呪縛』（集英社新書）では、『日本書紀』における聖徳太子関係の記述の〈史料批判〉について論じております。『変貌する聖徳太子』（平凡社）では、四天王寺の聖徳太子信仰と法隆寺の聖徳太子信仰の違いや、両寺のライバル関係の様相について考察しております。また、〈親鸞系諸門流〉の聖徳太子信仰の特色や、了円（明光）門流の近畿地方への展開については、『シリーズ宗教と差別』の2と3、『差別と宗教の日本史』『差別の地域史』（法蔵館）で論じております。手に取っていただけますと幸いです。

〈参考文献〉
石川知彦監修・和州総本山四天王寺編『聖徳太子と四天王寺』法蔵館、二〇二一年
伊東史朗編『調査報告　広隆寺上宮王院聖徳太子像』京都大学学術出版会、一九九七年
井上鋭夫『一向一揆の研究』吉川弘文館、一九六八年
今堀太逸『本地垂迹信仰と念仏』法蔵館、一九九〇年

上島享『日本中世社会の形成と王権』名古屋大学出版会、二〇一〇年
大阪歴史博物館編『聖徳太子ゆかりの名宝』（図録）、二〇〇八年
小野一之「聖徳太子の再生――律宗の太子信仰」吉田一彦編『変貌する聖徳太子』平凡社、二〇一一年
菊池勇次郎「天王寺の念仏」『源空とその門下』法蔵館、一九八五年
蔵中しのぶ「古代寺院における「伝」と「肖像」の制作活動」『佛教文學』四三、二〇一八年
後藤道雄・吉田一彦「律宗と親鸞系諸門流の聖徳太子信仰」磯前順一他監修『シリーズ宗教と差別2　差別と宗教の日本史』法蔵館、二〇二二年
榊原史子『「四天王寺縁起」の研究』勉誠出版、二〇一三年
信仰の造形的表現研究委員会編『真宗重宝聚英　二　光明本尊』同朋舎出版、一九八七年
信仰の造形的表現研究委員会編『真宗重宝聚英　七　聖徳太子絵像・絵伝・木像』同朋舎出版、一九八九年
脊古真哉「聖徳太子絵伝の世界―聖徳太子十四歳廃仏の場面から」吉田一彦編『変貌する聖徳太子』平凡社、二〇一一年
脊古真哉「荒木満福寺考―満福寺歴代の復元と源海系荒木門流の拡散」『寺院史研究』一一、二〇〇七年
林幹彌『太子信仰の研究』吉川弘文館、一九八〇年
同朋大学仏教文化研究所編『蓮如方便法身尊像の研究』法蔵館、二〇〇三年
兵庫県立歴史博物館『播磨と本願寺』（図録）、二〇一四年
藤井由紀子「聖徳太子霊場の形成―法隆寺・四天王寺と権門寺院」吉田一彦編『変貌する聖徳太子』平凡社、二〇一一年
松尾剛次「京都東山太子堂考」『戒律文化』五、二〇〇七年

宮崎圓遵著作集四、五『真宗史の研究』（上、下）思文閣出版、一九八七年、八九年）
村松加奈子「中世聖徳太子絵伝の展開と受容―中世絵伝のネットワーク」名古屋大学グローバルＣＯＥプログラム編『日本における宗教テキストの諸位相と統辞法』二〇〇八年
吉田一彦「聖徳太子信仰の基調―四天王寺と法隆寺」吉田一彦編『変貌する聖徳太子』平凡社、二〇一一年ａ
吉田一彦「親鸞の聖徳太子信仰の系譜」吉田一彦編『変貌する聖徳太子』平凡社、二〇一一年ｂ
吉田一彦『『日本書紀』の呪縛』集英社新書、二〇一六年
吉田一彦「天皇代理者への崇拝―聖徳太子信仰と天皇制度との連関について」道元徹心編『日本仏教の展開とその造形』法蔵館、二〇二〇年
吉田一彦「親鸞系諸門流と被差別民―西本願寺・本照寺・万宣寺・穢寺をめぐって」磯前順一他監修『シリーズ宗教と差別３　差別の地域史』法蔵館、二〇二三年ａ
吉田一彦「坂東における親鸞系諸門流の成立」同朋大学仏教文化研究所編『親鸞・初期真宗門流の研究』法蔵館、二〇二三年ｂ
龍谷大学龍谷ミュージアム編『浄土真宗と本願寺の名宝Ⅰ』龍谷大学龍谷ミュージアム、二〇一六年
和島芳男「西大寺と東山太子堂および祇園社との関係」『日本歴史』二七八、一九七〇年
和州総本山四天王寺他編『聖徳太子　日出づる処の天子』（図録）、日本経済新聞社、二〇二一年

播磨の聖徳太子伝説

小栗栖 健治

◇はじめに

前講の吉田一彦先生のお話は、日本の太子信仰が歴史の中でどのように受け入れられていくのか、大きな枠組みの内容でしたので、興味深く聞かれた方が多かったのではないかと思います。本講の「播磨の聖徳太子伝説」は播磨に特化した話ですので、吉田先生のお話とは少しおもむきを異にしています。これまでの講座で、斑鳩寺や鶴林寺と聖徳太子との関わりについては何度も取り上げられました。播磨と聖徳太子という視点で改めて見直してみますと、当然のことですが、播磨の聖徳太子信仰、また、太子伝説は斑鳩寺と鶴林寺を中心に展開しているのですが、別の広がりのあることが分かってきます。

◎――『日本書紀』にみる聖徳太子の時代

聖徳太子（厩戸皇子、以下、聖徳太子）の伝説や伝承を話す前に、まず、聖徳太子の時代、聖徳太子の生涯を六国史の一つ『日本書紀』をもとに概観しておきたいと思います。聖徳太子は『上宮聖徳法王帝説』によれば敏達天皇三年（五七四）に生まれ、逝去されたのは『日本書紀』では推古天皇二十九年（六二一）二月五日、『上宮聖徳法王帝説』では推古天皇三十年（六二二）二月二十二日とされています。享年四十八歳、また、四十九歳になります。

聖徳太子の時代は、大陸からもたらされた仏教受容への対応、朝廷に仕える臣下の身分を再編成する「官位十二階」の制定、「和を以て貴しとなす」に代表される官吏・貴族が守るべき政治道徳を示した「十七条憲法」の制定、また、遣隋使による大陸との交流など、国家としての体制を確立させる時期にあたっていました。

仏教が、朝鮮半島の百済から我が国へ伝えられたのは、『日本書紀』によれば欽明天皇十三年（五五二）十月のこと。百済の聖明王は仏像・経論等を伝えましたが、仏教の受容について蘇我稲目と物部尾輿・中臣鎌子が対立していました。用明天皇二年（五八七）、蘇我馬子と聖徳太子は仏教の受容をめぐり物部守屋との戦いが起こります。この時、四天王を頂髪にいただいた聖徳太子と馬子は仏法の弘通を願として戦いました。守屋に勝利した聖徳太子は摂津国に四天王寺を、馬子は飛鳥に法興寺をそれぞれ建立しました。

一方、五九二年に推古天皇が即位すると、聖徳太子は皇太子となり、摂政として政務に携わることになります。推古天皇二年（五九四）、天皇が仏法興隆の詔《みことのり》を発すと、臣下の多くは親の報恩のために寺院を造立しました。『上宮聖徳法王帝説』によると、推古天皇六年（五九八）四月十五日、聖徳太子を招いて勝鬘経の講説が行われました。聖徳太子は天皇から「播磨国揖（揖）保郡佐勢地五十万代」を布施として賜ると、この土地を法隆寺に施入されました。また、これと同様の記事が『日本書紀』推古天皇十四年七月と是歳《ことし》の条にも見えています。播磨と聖徳太子、播磨と法隆寺との関係は、この記述から始まります。
次に、聖徳太子の人物像を『日本書紀』推古天皇元年（五九三）四月十日の条によって紹介しておきたいと思います。

夏四月の庚午《かのえうま》の朔己卯《つちのとう》に、厩戸豊聡耳皇子《うまやどのとよとみみのみこ》を立てて、皇太子とす。仍りて録摂政《まつりごとふさねつかさど》らしむ。万機《よろづのまつりごと》を以て悉に委ね、橘豊日《たちばなのとよひの》天皇の第二子なり。母の皇后を穴穂部間人皇女《あなほべのはしひとのひめみこ》と曰《まう》す。①皇后、懐妊開胎《みこあれま》さむとする日に、禁中に巡行して、諸司を監察《み》たまふ。馬官《うまのつかさ》に至りたまひて、乃ち厩の戸に当りて、労《なや》みたまはずして忽に産《あ》れませり。②生《あ》れましながら能《よ》く言《ものい》ふ。聖《ひじり》の智《さとり》有り。③壮《をとこさかり》に及びて、一《ひとたび》に十人の訴を聞きたまひて、失《あやま》ちたまはずして能く弁《わきま》へたまふ。④兼ねて未然《ゆくさきのこと》を知ろしめす。且、⑤内教《ほとけのみのり》を高麗の僧慧慈に習ひ、外典《とつふみ》を博士覚哿《かくか》に学びたまふ。並に悉に達《さと》りたまひぬ。父の天皇、愛《めぐ》みたまひて、宮《おほみや》の南の上殿《かみつみや》に居《はべ》らしめたまふ。故《かれ》、其の名を称《たた》へて、上宮厩戸豊聡耳《かみつみやのうまやとのとよとみみの》皇子と謂《まう》す。（丸数字は筆者）

ここには、聖徳太子が普通の人と比べて特殊な才能・能力を持っていることが書かれています。①母である穴穂部間人皇女が宮中を見廻っている途中、馬官の厩の戸に当たり、労なく出産された。②生まれながらに言葉を発するのは、「聖」の智を備えている。③成人すると、一度に十人の訴えを聞き、間違えないで答えた。④「未然」（未来）を予知することができた。⑤内教・外典の全てを理解した。この他にも、片岡山で飢人に出会ったが、この飢人が聖人であると見抜いたという逸話が、『日本書紀』に見ることができます。
聖徳太子の逝去は先ほど話しましたが、推古天皇二十九年あるいは三十年、西暦の六二一年あるいは六二二年のことでした。『日本書紀』が完成するのは養老四年（七二〇）ですので、この百年の間に聖徳太子の人物像の形成されていたことが分かってきます。

◎——播磨と聖徳太子

播磨と聖徳太子との結びつきは『上宮聖徳法王帝説』・『日本書紀』が記している推古天皇への勝鬘経の講説、その布施として贈られた「播磨国楫（揖）保郡佐勢地」が端緒となりました。その後、七一五年頃に成立した『播磨国風土記』の印南郡大国の里の条に聖徳太子が登場します。

池の原といふ。原の中に池あり。故、池の原といふ。原の南に作石あり。形、屋の如し。長さ二丈、広さ一丈五尺、高さもかくの如し。名号を大石といふ。伝へていへらく、聖徳の王の御世、弓削《ゆげ》の大連の造れる石なり。

石の宝殿（生石神社　高砂市）

ここに登場する「大石」は高砂市にある石の宝殿、生石神社の御神体です。聖徳太子の時代に弓削の大連・物部守屋が作った石、墓・石棺であると。物部守屋は聖徳太子に滅ぼされていますので、時代的に錯誤しているのですが、唐突に聖徳太子が登場していました。五九八年に太子は揖保郡の土地を得ていますので、こうした話が播磨で成立していても不思議なことではありません。また、『播磨国風土記』には応神天皇が四十八回、神功皇后が九回、景行天皇が七回、仁徳天皇が六回登場していることからすると、播磨と大和はいたって近い関係にあったことが分かります。

◎——聖徳太子を開基と伝える寺院

聖徳太子の時代と人物像、播磨と大和の関係について話しましたが、私は「播磨の聖徳太子伝説」を考える上で、これらは必要な情報であると思いました。そして、聖徳太子が開基したと伝える寺院はどのくらいあるのだろうか、そうしたことに関心が向きました。

それで、貞和四年（一三四八）十月十八日の書き出しに始まる播磨の地誌『峯相記』、宝暦十四年（一七六四）序の『播磨鑑』、そして管見に及んだ縁起などを元に整理をしてみることにしました。『峯相記』では八十四か寺の由緒来歴が語られるのですが、その中で法道仙人は

表1　播磨の聖徳太子を開基とする寺院（典拠：『播磨鑑』）

No.	郡名	山号・寺号	現在地概要
①	飾東郡	増位山随願寺	姫路市白国
②		牛堂山国分寺	姫路市御国野町国分寺
③	加古郡	刀田山鶴林寺	加古川市加古川町北在家
④		薬王山常住寺	加古川市加古川町本町
⑤		潮音山松元寺	加古郡播磨町古宮
⑥	明石郡	足留長坂山遍照寺	明石市魚住町長坂寺
⑦	加東郡	白鹿山掎鹿寺	加東市掎鹿谷
⑧	加西郡	田富山田福寺	加西市山下西町
⑨	神西郡	七種山作門寺（金剛城寺）	神崎郡福崎町田口
⑩	揖東郡	斑鳩山斑鳩寺	揖保郡太子町鵤

二十一か寺、行基菩薩は六か寺、聖徳太子は一か寺、太子町の斑鳩寺のみでした。『峯相記』の記述は西播磨に偏りがちですので、加古川市の鶴林寺は登場しません。

次に『播磨鑑』を調べてみました。『播磨鑑』が取りあげている寺院の数は約三十七か寺になります。法道仙人は四十四か寺、行基菩薩は二十三か寺、聖徳太子は十一か寺でした。このように、播磨全体として捉えると、聖徳太子の開基を伝える寺院はいたって少数派であることが分かってきます。法道仙人は加古川流域に成立した寺院の開創伝承、行基菩薩は現在の大阪が出身で、兵庫県では伊丹市に中心的な昆陽寺があります。聖徳太子は奈良県の出身。太子町に斑鳩寺、加古川市に鶴林寺がありますが、開基伝承は大きな広がりを見せていません。

『播磨鑑』が記している聖徳太子を開基とする寺院は十か寺です（表1）。ただ、④常住寺は「用明天皇の御宇、聖徳太子の開基、大伽藍の旧地也」、⑤松元寺は「往昔聖徳太子の開基也」、⑧田福寺は「用明天皇の御宇丁未年、聖徳太子開基の霊場也」と記されるのみで、詳しいことは分かりません。

残る七か寺については、伝えられた縁起を交えて概略を紹介したいと思います。

①増位山随願寺

随願寺の縁起である乾元元年（一三〇二）十一月の奥書のある「播州増位山随願寺集記」に、随願寺の草創を次のように記しています。

地神第五代月氏国阿育王、八万四千箇の石塔を造る。仏舎利を納め、十方の空に投げる。二基日域にあり。一基は近江国、一基はこの山にあり。仏骨所在の霊場なり。これにより厩戸皇子伽藍を造り、薬師仏を安んず。高麗国の慧便、この寺に住す。

ここに書かれている月氏国は、紀元前三世紀から一世紀ごろにかけて東アジア、中央アジアに存在した国です。阿育王はアショカ王のこと。インドのマガダ国マウリヤ朝第三代の王、紀元前三世紀の頃に在位し、インド最初の統一王国を築いた王として、また、仏教を保護した王として有名です。

この王は仏舎利を収めた八万四千個の石塔を造り、空に向かって投げ上げた。すると、その内の二つは日本に落ちた。一つは近江国、もう一つはこの山・増位山に落ちたので、この山は仏舎利の納められた霊場であると。それで、聖徳太子は伽藍を建立し、本尊として薬師如来を

祀った。そして、高麗国の慧便がこの寺に住したと。『播州名所巡覧図会』には、
寺伝に曰わく、太子、自ら像を巌《いはほ》に鐫《せん》し給ふ。今の太子谷これなり。
さらに、
太子堂　同所念仏堂の上にあり。太子の古跡にて、太子岩といふ。
と記しています。随願寺への参道である「たいし尊道」の道しるべを経て念仏堂を入り、そこを奥へ進んだ墓地のところを太子谷と称し、古図によれば、この太子谷の右側に太子堂がありました。谷川を渡ると、太子岩があります。
なお、近江国に落ちた仏塔は滋賀県東近江市石塔町に阿育王山《あしょかおうざん》石塔寺があり、境内には奈良時代に建立された石造三重塔を中心に多くの石塔や石仏を見ることができます。この石塔寺のあるところが、近江国に落ちた仏塔の伝承地とされ、聖徳太子の開基を伝えています。
姫路の府中に、聖徳太子が腰を掛けたと伝えられている石がありました。天正四年(一五七六)に成立した『播磨府中めぐり』に「太子こしかけ石」と呼ばれた石のあることを記しています。『播磨府中めぐり』を元に江戸時代に描かれた「姫路附近之古地図」には、久長門と姫山の間に「太子腰掛石、今鬼石」と、その場所を示しています。江戸時代に鬼石と呼ばれたこの石について、『播磨鑑』は、
鬼石　今案内社町、武宅ノ前ニ有、

総社の鬼やらいに古しへ修行有し。平井保昌播州国司の時、酒呑童子か変石と云は、鬼やらいの時の修行の石座也。又腰掛石と云。人腰をかけす。三尺計の石也。聖徳太子腰掛玉ふ石ト云。

と記しています。
播磨国の国司であった平井（藤原）保昌は、源頼光とともに大江山に討ち入り酒呑童子の首を取った。その首が石に変じたのが「鬼石」だと。また、腰掛石と呼んでいるが人は腰を掛けない、聖徳太子が腰を掛けた石だと。また、『播州名所巡覧図会』には「人恐れてこし（腰）をかけず」と記しています。元が鬼の首、あるいは高貴な聖徳太子であったからか、その点については分かりません。石の大きさは三尺ですから一メートルくらいの大きさです。この石の所在は「今案内社、町武宅ノ前ニ有」とあるように『播州

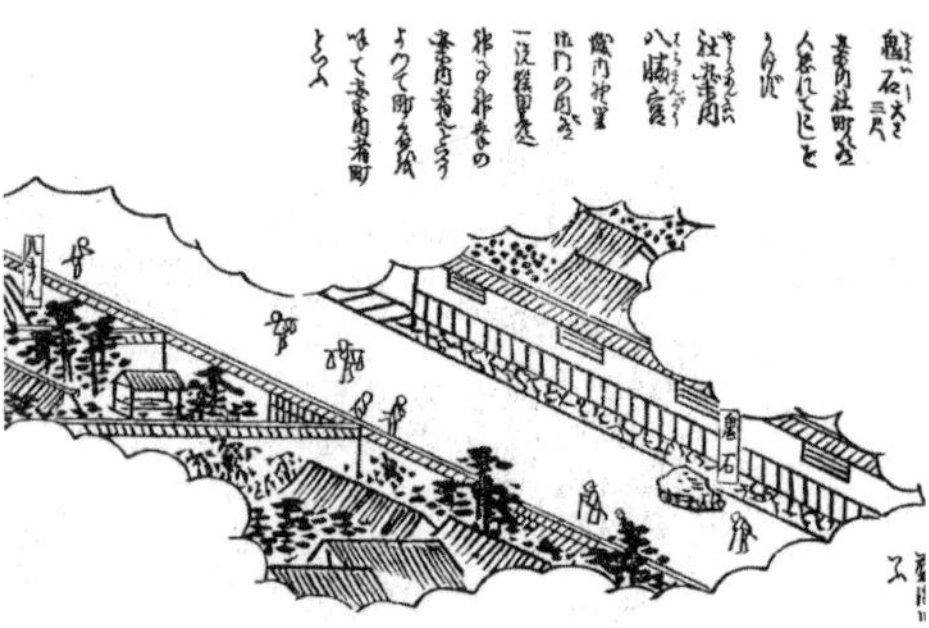

鬼石（『播州名所巡覧図絵』）

播磨国総社に移された鬼石（姫路市）

名所巡覧図会』には街路に面した武家の家のところに描かれています。また、明治二十七年（一八九四）の「播磨国姫路城図」（大阪城天守閣蔵）には野里門の南に案内社（案内社八幡宮）、その南の街路に石が描かれ「鬼石」と書かれています。この鬼石は明治十四年（一八八一）に案内社八幡宮が播磨国総社・射楯兵主神社に合祀された時、その境内に移されました。

鬼石・聖徳太子の腰掛石について、少し詳しく話しましたのは、ここでの聖徳太子の伝説は随願寺と結びついているのではないか、そのように思ったからです。中世以来、随願寺は姫路市の圓教寺、八葉寺、福崎町の神積寺、加西市の一乗寺、普光寺とともに播磨天台六寺の一つとして、また、播磨国総社の年中行事と強く結びつき、城下町が形成されると寺町の天台系寺院との関係を維持していました。おそらく、聖徳太子の腰掛石の位置からすると、西国街道・山陽道から府中・姫路に入り、野里街道と随願寺を結ぶ物語として成立したのではないかと思えたことでした。随願寺の参詣道はまた、広峯神社の参詣道ですので、二つの霊場を結ぶ信仰の道でもありました。

②牛堂山国分寺

神功皇后が三韓征伐の時に当山に入ると霊牛が化現し、皇后はこの霊牛に三韓退治を祈願した。三百六十年が過ぎ、聖徳太子はこの地を選び伽藍を建立した。薬師如来を本尊とし、傍らに霊牛垂迹の尊像を安置した（『牛堂山国分寺略記』）。

③刀田山鶴林寺

聖徳太子十二歳の頃、天文の博士を召して仏法繁栄の土地を占わせると、賀古のほとりに山海をへだてて広博な土地を選んだ。太子は御幸し、試みに堂舎を一宇建立し、高麗国の恵便法師を招請して三宝の規則を整えた。今の浄心院のことである。その頃、百済国の日羅が来朝し、太子に仕えていたが帰国することを願っていた。太子は留めるため、神力によって数量の刀を田園に表した。日羅は怖れて留まったことから、その場所を刀田と名付けた。この縁起は『播陽万宝知恵袋』に収録されている「十六郡寺院縁起」の中の加古郡刀田山鶴林寺の縁起です。

一方、「鶴林寺聖霊院縁起」によれば、聖徳太子は十六歳の時にこの地を訪れ精舎建立を念願すると、にわかに洪水がおこり数多の材木が流れ着いた。太子は喜び、国中の工匠を集めて三間四面の精舎を建立し、自ら釈迦三尊と四天王の像を刻んだ。その後、物部氏により山城国狛に流されていた恵便を招いて住持とし、仏法の行儀を整えた。

鶴林寺の縁起にも恵便が登場していました。鶴林寺の塔頭である浄心院の山門の左に「不開

木の丸殿（鶴林寺浄心院　加古川市）

の門」という塀があります。この場所は、聖徳太子が恵便を招き学問をした「木の丸殿」と伝えられています。
④常住寺と⑤松元寺は聖徳太子の開基とのみ記されています。
⑥足留長坂山遍照寺
聖徳太子草創の霊場である。太子二十六歳の時、百済国の王子阿佐太子は日本に正身の観音菩薩がこの世に現れたと海を越え、推古天皇五年（五九七）に渡来された。太子に拝顔し、数日して本国に帰られるので、太子は魚住の泊まで送りに来られた。その後、当山に戻ると白髪の老人が忽然と現れ、太子に「諸仏常在転法輪の霊地」「衆生の利益」を説いて去った。太子は老人が現れた場所に堂舎を建立し、薬師如来を本尊とした（『播州明石魚住太子略縁起』）。
⑦白鹿山掎鹿寺
聖徳太子がこの地に来られた時、白鹿数十匹が石の車に霊木を積んで引いていた。太子の従者は怪しみ、後ろ足を見ると傷があり、気絶するところである。太子はこれを憐れみ、東を向いて薬師如来を拝し、病の除かれることを願った。傷は癒え、鹿は山の中へ帰って行った。太子は霊木で薬師如来の像を刻み、仏恩に感謝した。この仏が当寺の本尊で、奏聞を経て伽藍を創建し、勅願所とされた。白鹿山掎鹿寺と号し、里の名を掎鹿谷と名付けた（『播磨鑑』）。
⑧田福寺は聖徳太子の開基とのみ記されています。

⑨七種山作門寺（金剛城寺）
昔、滝の流れの滋岡《しげおか》に老翁が現われ、滋岡川人《せんにん》と称した。旱魃が起こり五種の種は絶え、貴賤は飢えた。老翁が籾や麦などの種を群衆に与えたことから、七種山と号した。聖徳太子の命により高麗国の僧恵灌は、忽然と現れた滋岡川人から大悲の像を造れと告げられる。恵灌が刻した十一面観音が、今に祀られている（『播磨鑑』）。
⑩斑鳩山斑鳩寺
聖徳太子草創の霊場である。太子は岡本の宮で勝鬘経と法華経を講義された。天皇は大変喜ばれ播磨国揖保郡に水田を与えられた。太子は斑鳩宮からお越しになり、巨刹を建立され斑鳩寺と名付けられた。太子は自ら等身十六歳の像と二歳南無仏像を刻み脇堂に安置した（『播磨鑑』）。

斑鳩寺と聖徳太子の結びつきは、十四世紀の中頃に成立した『峯相記』に詳しく記されています。

同（推古）天皇ノ御宇、上宮太子勝万（鬘）経ヲ講シ給ヘル御布施ニ、当国ニ水田三百六

檀特山（太子町　太子町歴史資料館提供）

十一町施与ス、鵤庄是也、①太子御下リ有テ、四方ノ堺ニ牓示ノ石ヲ埋ミ給、②又寺ヲ造リ、斑鳩寺ト名ク、③川ヲハ富雄（小）川（トミノヲカワ）ト云、④山ヲハ片岡ト名ク、⑤孝恩寺ヲハ発心カ谷、⑥檀徳（特）カ峰ト云フ、行道ノ峯ニ御馬ヲツナカル、其松近代マテ有ケリ、⑦異香（イキヤウ）薫シ、光ヲ放チシ故ニ、異香留家（イカルガノ）庄トモ本ハ云ケリ、（丸数字は筆者）
ここに登場する③富雄川は法隆寺の近くを流れる川、④片岡山は聖徳太子が飢人（二十四歳）と遭遇する場所、⑥「檀徳カ峰」は聖徳太子が黒駒（二十七歳）で富士山に登る、また、全国を巡った黒駒伝説に由来する地名です。そして、⑦馬をつないだ松が異香を漂わせ、光を発したことから「異香留家庄」と呼ばれたと、鵤庄という地名の始まりを記録しています。なお、①牓示の石については、聖徳太子の投石と伝えられ、現在でも鵤庄であった地域に多く残されています。
鵤庄には法隆寺とゆかり深い地名、また、聖徳太子にゆかりのある伝説の多くあることが分かります。この他にも、鵤庄の荘園鎮守社が、稗田神社であることも奈良との関係を連想させます。さらに、何よりも斑鳩寺という名前が、法隆寺の別名であること。つまり、鵤庄は荘園領主である法隆寺の宗教的な景観が再現された荘園で、斑鳩寺は法隆寺が寺領である鵤庄を支配・管理することを目的に建立された寺院、いわば鵤庄を支配するための現地事務所でした。

④常住寺、⑤松元寺、⑧田福寺については由緒が分かりませんので、七か寺の由来を紹介しました。縁起の語るところを整理すると、聖徳太子の訪れたところは、仏舎利を納めた阿育王塔が落ちたところ、霊牛の現れたところ、天文博士が占ったところ、太子が自ら出向いたところ、白髪の老人が現れ霊地を説いたところ、白鹿が現れたところ、川人が現れたところ、つまり、それぞれのところで奇瑞《きずい》、めでたいことの前兆があり、寺院建立の端緒となっていました。ただ、斑鳩寺の場合は、聖徳太子が天皇から水田を得たところですので、寺院建立の背景に奇瑞が生じているという点では異なっていました。
こうした聖徳太子による開基伝承は、西は太子町の斑鳩寺、東は明石の遍照寺、山陽道沿いと瀬戸内海の臨海部を中心とし、北は加東郡あたりまで分布していることが分かってきます。

◎――播磨の恵便―日本仏教のさきがけ

(1) 播磨に幽閉された恵便―『峯相記』

聖徳太子が開基したと伝えられる寺院の中に恵便という人物の名前が①随願寺と③鶴林寺に登場していました。この恵便は播磨の古代仏教を考える上で重要な人物の一人と考えられ、さらに調べてみると『播磨鑑』に青嶺山奥山寺（加西市国正町）、六道山遍照院（赤穂市西有年）、また、『明石市史』に鶏谷山西光寺（明石市大久保町西脇）を確認することができました。

では、この恵便ですが、播磨とどのように結びつくのでしょうか。『峯相記』は恵便について詳しく書き留めています。
①欽明天皇ノ御宇、百済国ヨリ持戒ノ為、恵弁・恵聡、二人渡リ、守屋カ父ヲコシ（尾輿）ノ連（ムラジ）、播磨ノ国へ流シヌ、矢野ノ奥ニ、草庵ヲ結テ住ケリ、三年ノ後、召返タリケルヲ、②又守屋大和ノコマへ流遣ケルカ、後ニハ還俗セサセ、恵弁ヲハ右次郎、恵聡ヲハ左次郎ト名付、③又播磨国へ流テ、安田ノ野間ニ楼を造テ籠置ケリ、毎日食分ニハ粟一合宛（アテ）ケリ、然トモ二人戒ヲ破ラシト、日中以後持来ル日ハ、少分ノ粟ヲモ食セス、経論ヲ誦シケリ、守門ノ者共、口ニ経ヲ誦シ候ト大臣ニ申ケレハ、是ハ我ヲノロウ也トテ、弥ヨ堅クイマシメケリ、サラハ向後物云ハシトテ無言ス、右次左次（ウジサジ）物云ハスト云事ハ是ヨリ始リケリ、④守屋追罰ノ後、召返シ、本ノ如ニカミヲソリ、衣を着給ヘリ、野間ノ楼ノ跡ニ、一伽藍ヲ建立シテ今ニ

瓜生羅漢（相生市矢野町瓜生）

有、（丸数字は筆者）
仏教が伝来した当初、仏教受容を推進する蘇我氏と排斥する物部氏が対立していたことは既にお話ししました。『峯相記』に登場する恵便は、排斥派の物部尾輿によって播磨の矢野へ、次いで守屋によって「大和のコマ」へ、最後は播磨の安田の野間へ流されました。つまり、播磨へ二度流されたと書かれています。
流された場所は「矢野の奥」と「安田の野間」、「矢野の奥」は相生市矢野町の三野山の麓、「安田の野間」は多可郡多可町八千代区の野間川の上流域の中村、どちらも播磨の奥深いところです。当時の権力の中心は飛鳥地方にありましたので、播磨は辺境の地、そんなところへ恵便は流されました。
一度目の「矢野の奥」では、草庵を結んで暮らしていたと記されています。その場所は相生市の北方、「矢野」の瓜生羅漢のところと伝えられています。二度目の「安田の野間」では、楼、つまり牢屋が作られ、そこに閉じ込められました。称える経論は物部尾輿を呪う呪文とされ、声を出さずに口の中で押し殺して称えたことから「右次左次物云はず」という言葉が起こった

稚児の岩屋（多可町八千代区大屋）

と書かれています。これは「うじうじとものを言う」ことではないかと思っています。
その後、守屋が追罰されると召し返され、元のように出家した。閉じ込められていた楼（たかどの）の跡には伽藍が建立され、今もあると書かれています。多可町八千代区中村に所在する安海寺の奥の山に「稚児の岩屋」と呼ばれるところがあり、その場所ではないかと伝えられています。

（2）恵便と播磨の結びつき――『日本書紀』

恵便のことは、この『峯相記』の物語だけを読んでいると伝説のように思えるのですが、『日本書紀』敏達天皇十三年（五八四）九月条に恵便は登場します。

秋九月、百済より来《もう》ける鹿深《こうが》臣弥勒の石の像一躯を有《も》てり。佐伯連仏像一躯を有《も》てり。この歳、蘇我馬子の宿祢、その仏像二躯を請《こ》ひて、乃ち鞍部村主司馬達等《くらつくりのすぐりしめだちと》、池辺直《いけべのあたい》を遣して、四方に使して修行者を訪《と》い覓《もとめ》しむ。ここに唯播磨国に僧還俗の者、名は高麗の恵便を得つ。大臣乃ち以て師となし、司馬達等の女《むすめ》島を度せしむ。

蘇我馬子は、百済からもたらされた弥勒菩薩の石像などを法要するため、それを営むことのできる渡来僧を探していた。『峯相記』によれば、恵便は「持戒の為」、仏教の「戒律を伝えるため」に来朝したとされ、馬子は仏教の法要・儀式に通じた僧を探し求めた。それが播磨に流されていた還俗の僧・恵便であった。

ところで、『峯相記』と『日本書紀』に登場する恵便の物語ですが、大筋としては通じるところがあります。恵便は『峯相記』によれば、欽明天皇の御宇に百済の国から持戒のために訪れた僧、それに対して、『日本書紀』では高麗の国の僧であると書かれています。『峯相記』には恵便と恵聡という僧が登場し、この恵聡は『日本書紀』によると百済の出身、蘇我氏が建立した法興寺の僧でした。

恵便像（加古川市　鶴林寺蔵）

恵便のことについては資料が少なく具体的なことはよく分かりませんが、『日本書紀』の記述から実在した人物であることは間違いないようです。どのようなお姿であったのか、加古川市の鶴林寺には恵便の肖像彫刻が伝わっています。平安時代の一木造りで、法衣をまとい、膝前で定印を結んで坐す老いた僧の姿に表されています。また、前述の安海寺にも恵便と伝えられる平安時代のお像が伝えられています。

随願寺や鶴林寺などの草創と結びついた恵便は、日本に仏教が伝えられた時期に朝鮮半島から訪れた僧、播磨に仏教が流布する上において大きな足跡を残した一人と考えられる人物です。

◎――播州犬寺・法楽寺の伝説

(1)「播州犬寺」の物語―『元亨釈書』

聖徳太子の同時代の人物として、恵便を取りあげました。恵便の伝説は播磨の特色であるといっても過言ではありません。恵便は仏教伝来当初の僧侶、播磨の仏教と大和を結びつける人物、播磨と聖徳太子を結びつける人物として捉えることができるようです。播磨にはもう一つ、聖徳太子に結び付く伝説が伝えられています。皆さんは「播州犬寺」・「粟賀の犬寺」の伝説をご存知でしょうか。

鎌倉時代の後期、都の臨済宗の僧・虎関師錬は仏教が大陸からわが国に伝えられて以降の仏教の歴史をまとめ、元亨二年(一三二二)、朝廷に献上しました。この『元亨釈書』に「播州犬寺」の物語が収録されています。話の舞台は、神崎郡神河町中村にある高野山真言宗の法楽寺、JR播但線の寺前駅を降りて、北東へ四キロ半くらいのところにあります。山号は金楽山、本尊は十一面千手観音、開山はこれから話します枚夫《まいぶ》という人物、開基は法道仙人と伝えられています。「播州犬寺」、どのような物語なのか紹介してみたいと思います。

蘇我入鹿は聖徳太子の一族を滅ぼすために、大勢の兵を集めていた。播磨に枚夫という者がいて、討伐の軍に加わった。枚夫に妻がいたが、留守の間に僕《しもべ》と潜通した。やがて枚夫は帰ってきたが、僕はそのことが発覚し、罰せられることを恐れた。そこで、僕はよい猟場があると枚夫に話した。枚夫は喜び、僕に弓矢を持たせ、可愛がっている二匹の黒犬を連れて山中に入った。

僕は高いところに登り、弓矢で枚夫を射殺そうとしている。その理由を尋ねると、お前の命を奪ってその地位に就くことだと話した。枚夫は自分の運命を悟り、二匹の犬を呼び寄せ、僕に殺されることを話した。そして、子どもの時から武勇の誉れの高い私が、賤しい僕にこのような場所で殺されたとなると、笑いものになる。だから、私の屍を食い尽くして痕跡が残らないようにしてほしいと話すと、犬は耳を垂れて聞いていた。言い終わると、一匹の犬は高く飛び上がって僕の弓の弦を喰いきり、もう一匹の犬は飛びかかって僕の咽に噛みつき、僕は果てた。枚夫は二匹の犬とともに家に帰り、妻を追い払った。

忠義の二匹の犬を自分の子どもとし、全ての財産を譲った。ところが動物の寿命は短く、先に二匹の犬が死んでしまった。枚夫は犬の供養のために伽藍（後の法楽寺）を建立し、千手観音を安置して冥福を祈り、二匹の犬を地主神とした。この像の霊験は毎日絶えることがない。野火で四方を覆われたが、伽藍は無事であった。こうしたことに三度見舞われた。桓武天皇はこれを聞いて官寺とし、寺領を寄進された。

(2)「粟賀ノ犬寺」の物語―『峯相記』

少し長くなりましたが、この物語が『元亨釈書』に収録されている内容です。もう一つ『峯相記』に「粟賀ノ犬寺」と題した物語が収録されています。どのような物語なのでしょうか。

当所の領主に秀符という者がいて、高名な猟師である。秀符の僕は、秀符の妻を自分のものとし、秀符を殺して夫婦になると密約した。僕は秀符を狩り場へ誘い出し、山中で矢を射て殺そうとした。その時、秀符が大切に飼っている大黒・小黒という二匹の犬が僕の手に食いかかった。秀符は刀を抜いて飛びかかり、殺そうとした理由を尋ね、殺害した。妻を追い出し、自分は出家した。

秀符は臨終の時、子どもがいないので所帯を二匹の犬に譲与した。二匹の犬が死んだ後、領家は犬が遺した田畑(財産)で一院を建立し、秀符と二匹の犬の菩提を弔った。寺は繁昌したが、炎上の時、秀符と二匹の犬の影像は北の山へ飛び移った。その所を崇めて法楽寺と号す寺を建立したという。本の寺の跡には小堂一宇が今にある。

(3)物語の比較

犬寺の話を二つ紹介しました。こうした縁起を背景に、法楽寺には弓を背負った白犬、矢をくわえた黒犬の狛犬、「忠犬」の文字の入った鬼瓦、本堂に伝説を描いた絵馬、開山堂には法道仙人と枚夫長者と犬の彫像が祀られています。『元亨釈書』と『峯相記』とでは物語の大筋は同じなのですが、細部で少し異なっていました。

まず、時代背景について、『元亨釈書』では蘇我入鹿が聖徳太子の一族を滅ぼす時、『峯相記』には時代のことは何も書かれていません。主人の名前は、『元亨釈書』は枚夫（まいぶ）、『峯相記』は秀符、『法楽寺縁起』（慶長十四・一六〇九年、法楽寺蔵）は「平」に「符」と書いて「ひらふ」と読ませているのだと思います。また、別の『法楽寺縁起』（宝暦二・一七五二年『播陽万宝知恵袋』所収）では主人の名前は「牧夫」となっています。「まきふ」か「ぼくふ」、あるいはこの文字で「まいふ」と読ませていたのか、と思ったりしますがよく分かりません。犬は『元亨釈書』では二匹の黒犬、『峯相記』では大黒・小黒の二匹です。

枚夫長者と忠犬の像（神河町　法楽寺蔵）

宝暦二年の「法楽寺縁起」は『元亨釈書』と『峯相記』とを基本とするものの、そこには『元亨釈書』の蘇我入鹿の物語が登場し、そして、『峯相記』の秀符を『元亨釈書』の枚夫の法名とするなど、『峯相記』と『元亨釈書』の異なる内容に整合性を持たせようとしていました。

ところで、『元亨釈書』の内容は都でまとめられた物語、『峯相記』の内容は地元播磨でまとめられた物語です。『元亨釈書』の成立は元亨二年（一三二二）、『峯相記』の成立は十四世紀の中頃と考えられていて、その著者は一三三三年に鎌倉幕府の滅亡を実際に見聞していますので、『元亨釈書』と『峯相記』は、およそ同時期に存在していたと考えて差し支えはありません。

どうしてこのようなことを考えるのかというと、『元亨釈書』と『峯相記』に書かれている犬寺の物語、どちらが原話に近いのか、そのようなことを思ったからです。私は、播磨で成立した『峯相記』に記録されている犬寺の物語のほうが古いのではないか、そのように考えています。双方の内容を比較すると、『峯相記』の物語が単純・素朴であるということです。『元亨釈書』では蘇我入鹿の物語が付加され、また、主人と僕、また、主人と犬のやりとりが、明らかに脚色されていると考えられるからです。

（4）犬寺伝説の成立

私は犬寺の伝説が素朴な『峯相記』から脚色された『元亨釈書』の内容へと変化を遂げていく。そこには何か依拠する物語があるのではないか、と考えていました。ある時、仏教の伝来を『日本書紀』で調べていた時、興味深い記述のあることに気づきました。時代的には蘇我馬子と物部守屋が崇仏・排仏をめぐって合戦をする、ちょうどその時になります。『峯相記』・『元亨釈書』とともに『日本書紀』の内容を整理した表2をもとに検討を加えてみたいと思います。
①『峯相記』には時代背景は記されていないが、『元亨釈書』は蘇我入鹿が聖徳太子の一族を滅ぼす時としている。

④『日本書紀』崇峻天皇元年（588）即位前紀7月条	⑤（参考）『日本書紀』崇峻天皇元年（588）即位前紀7月条
物部守屋が蘇我馬子との合戦で敗れた後。	物部守屋が蘇我馬子との合戦で敗れた後。
捕鳥部万（ととりべのよろづ）。物部守屋の近侍、守屋の家を守護する。	桜井田部連（さくらいのたべのむらじ）膽渟（いぬ）。
白犬1匹。 勇敢に戦ったが、万は自害した。体は八つに切り裂かれ、串刺しにされた。万が飼っていた白犬は、万の頭を噛み上げ古い墓に埋め、枕の側に伏し飢えて死んだ。	犬。 犬は屍の頭をくわえ、側に伏して守っている。自分の主の屍を墓に納めると、立ち上がり行ってしまった。
河内国司が朝廷に報告すると、同情した朝廷はこの犬を褒め、後世に伝えるように万の一族に墓を作ることを命じ、万と犬を葬った。	

②主人公の名前は『峯相記』では秀符、『元亨釈書』では枚夫。『日本書紀』用明天皇二年（五八七）四月二日条に大伴毗羅夫《おおとものひらぶ》という人物が登場する。秀符は高名な猟師、枚夫は勇武な猟師、毗羅夫も果敢な兵士として登場する。『元亨釈書』の

表2　犬寺の縁起と物語の背景

出典	①『峯相記』 (14世紀中頃)	②『元亨釈書』 (元亨2年:1322)	③『日本書紀』 用明天皇2年(587)4月2日条
時代背景	時代の設定はない。	蘇我入鹿が上宮（聖徳）太子の一族を滅ぼす時。 （上宮王家滅亡は皇極天皇２年：643）	用明天皇は自身の死に際して仏教への帰依を願う。物部守屋と蘇我馬子は対立し、物部氏は合戦の準備を始める。
飼い主	秀符 高名な猟師。	枚夫 上宮王家を滅ぼす蘇我入鹿の軍に入る。	大伴毗羅夫（おおとものひらぶ）。毗羅夫は手に弓箭と皮楯を執り、馬子を守る。
忠犬	大黒と小黒の２匹。郎従を退治する。	黒犬２匹。僕を退治する。	
寺院建立等	子どものいない秀符は、財産を二匹の犬に譲与した。二匹の犬が死んだ後、領家は犬が遺した財産で一寺を建立し、秀符と二匹の犬の菩提を弔った。	二匹の犬を我が子とし、財産を犬に譲与した。犬の寿命が尽きると、枚夫はその財産で伽藍を建立した。	

「枚夫《まいぶ》」も「ひらふ」と読むことができ、法楽寺に伝わる天明元年（一七八一）「播州神東郡粟賀犬寺図」の版木には『元亨釈書』の名前「まいぶ長しや」・「まいぶ」と記される。
③『峯相記』の秀符と『元亨釈書』の枚夫は犬を飼っているが、『日本書紀』の大伴毗羅夫は犬を飼っていない。
④しかし、蘇我馬子と物部守屋が崇仏・排仏をめぐり合戦を行う用

明天皇二年（五八七）四月二日条に、
物部守屋に仕えた捕鳥部万《ととりべのよろづ》は勇敢に戦ったが、敗れた万は自害した。体は八つに切り裂かれ、串刺しにされた。万が飼っていた白犬は、万の頭を噛み上げ古い墓に埋め、枕の側に伏し飢えて死んだ。
という話、また、合戦が終わった後の崇峻天皇元年（五八八）即位前紀七月条に、
桜井田部連《さくらいのたべのむらじ》膽渟《いぬ》が飼っていた犬は主の屍の頭をくわえ、側に伏して守っている。自分の主の屍を墓に納めると、立ち上がり行ってしまった。
という、忠犬の逸話を載せている。これら忠犬の逸話が『峯相記』の物語と結びつき、『元亨釈書』の犬寺の物語を成立させたと推測されることです。
犬寺の物語は『峯相記』にみられるように単純で素朴な内容を祖型としていました。この物語が都に伝わると識者によって蘇我入鹿が聖徳太子の一族を滅ぼす物語に脚色され、『元亨釈書』の物語として完成させたと考えられることです。

播州神東郡粟賀犬寺図

現在、法楽寺で獼師を『元亨釈書』の「まいぶ」と伝えているのは、都で脚色された物語が播磨にもたらされ、聖徳太子の時代に想定した犬寺の伝説として定着したことを示しています。

◇おわりに

本日は「播磨の聖徳太子伝説」をテーマに話させていただきました。太子町の斑鳩寺、加古川市の鶴林寺の太子伝説につきましてはこの連続講座で幾度も話題になりましたので、話題をひろく集めてみました。

聖徳太子の生涯と凡人とは異なる聖人《せいじん》としての才能、大和に成立した中央王権との結びつき、播磨に見ることができる聖徳太子の開基寺院の傾向、播磨の恵便伝承、犬寺の伝説などをテーマに話させていただきました。

この講座で皆様にお話をするにあたりこれまでの研究を振り返り、また、資料の整理を進めました。そうした過程で思いましたのは、播磨の聖徳太子の伝説にはまだ魅力的な話題がたくさんあるのではないかと思えたことでした。研究が足りていないと言えばそれまでのことですが、より多くの聖徳太子伝説が発掘されることによって、播磨での実像が明らかになっていくのではないでしょうか。本日はこのようなところで終わりにさせていただきたいと思います。

聖徳太子のこころ

古谷 正覚

◎——聖徳太子信仰の芽生え

今年（二〇二二年）は聖徳太子がお亡くなりになられてから千四百年の年に当たり、法隆寺でも昨年四月に聖徳太子一千四百年御遠忌法要を行いましたが、昨年から本年にかけて太子ゆかりの地におきまして様々な行事や法要が行われております。聖徳太子誕生の地として有名な奈良の橘寺では、本年は太子のご誕生から千四百五十年の年に当たるということで、聖徳太子御生誕一千四百五十年記念法要を十月に行われました（※橘寺では太子の誕生を五七二年とされている）。

古くから御命日の法要のことを会式と呼んでおり、これは法会の儀式ということですが、五十年、百年という節目の年には呼び方を変えまして、「御遠忌」、「御聖諱」と呼んでおります。聖徳太子の御命日法要のことは聖霊会《しょうりょうえ》というのですが、これは天平時代に始まりまして、天平二十年（七四八）に行信僧都によって行われたのが初めてとされております。かつて上宮王院（法隆寺東院）には聖徳太子の住まいであった斑鳩宮がありましたが、斑鳩宮は皇極二年（六四三）に蘇我氏の焼き討ちによって焼失し、聖徳太子の身内である上宮王家の方々は皆、滅亡されました。その斑鳩宮の跡地が廃墟となって荒れているのを悲しんだ行信僧都が夢殿を建てられ、上宮王院を建立されました。そのことが『法隆寺東院縁起』に記されております。

『法隆寺東院縁起』
「天平十一年夏四月十日を以て、即河内山贈太政大臣を敬て此院を造ら令しめ。則八角の圓堂に太子在世に造りたまう所の御影。救世観音の像を安置。并御経蔵に妹子の臣請来の御持の法花経石鉢等を奉納したもう。又書寫數部大乗経等を安置。」

造営を命じられた河内山贈太政大臣は藤原房前という方で、聖徳太子ゆかりの品も集められ、行信僧都の発願によって上宮王院が建立されました。そして、上宮王院の完成を祝う落慶法要の意も込めて、聖徳太子の御遠忌法要である聖霊会が、天平二十年に初めて行われたと言われております。

法隆寺　夢殿

また、聖徳太子という名前は、太子が亡くなられた後に付けられた名前で、それまでは厩戸皇子や厩戸豊聡耳太子《うまやどのとよとみみのみこ》というふうに呼ばれておりました。聖徳太子という名前が出てくる最も古い記録は慶雲三年（七〇六）の法起寺塔露盤銘に記された「上宮太子聖徳皇」です。以後、奈良時代後期に入ると聖徳という名前も一般的になっていたと言われています。聖徳太子は敏達天皇三年（五七四）に生まれ、推古天皇三十年（六二二）二月二十二日に薨去されたと一般的に言われていますが、太子が亡くなられた時のご様子というのが、法隆寺金堂の釈迦三尊像光背の裏の銘文に書かれております。

『金堂釈迦三尊像光背銘』（聖徳太子事典）
「法興元卅一年、歳《ほし》は辛巳に次《やど》る十二月、鬼前太后崩ず。明年正月廿二日、上宮法皇、病いに枕して、悆《こころよ》から弗《ず》。干食王后、仍りて以て労疾、並びて床に著く。時に王后王子等、及《また》諸臣と、深く愁毒を懐き、共に相発願すらく。『仰ぎて三宝に依り、当に釈像の、尺寸王身なるを造るべし。此の願力を蒙り、病を転じて寿を延べ、世間に安住せむことを。若し是れ定業にして、以て世に背かば、往きて浄土に登り、早く妙果に昇らむことを』と。二月廿一日癸酉、王后即世す。翌日法皇登遐す。癸未年三月中、願の如く敬いて釈迦の尊像并に侠侍及び荘厳具を造り竟《おわ》んぬ。斯の微福に乗じ、道を信ずる知識、現在安隠に、生を出でて死に入らば、三主に随い奉り、三宝を紹隆し、遂に彼岸を共にし、普遍の六道法界の含識、苦縁を脱するを得、同《とも》に菩薩に趣かむことを。司馬鞍首止利仏師をして造ら使む。」

要約いたしますと、推古天皇二十九年（六二一）に聖徳太子の母である間人皇后（鬼前《かむさき》太后）がこの世を去られます。翌年の推古天皇三十年（六二二）一月二十二日に聖徳太子がご病気になられて食が進まなかった。そして聖徳太子のお后である膳部菩岐々美郎女《かしわでのほききみのいらつめ》も看病疲れで病気になって並んで床に就かれました。他のお后や王子、諸臣は深く憂いて、三宝つまり仏教を拠り所として聖徳太子の等身大の釈迦像を造ろうという発願をされ、この願力によって病気を治し、寿命を延ばして元気になってほしいと願われるわけです。もしくは前世の定めでお亡くなりになるならば、浄土に往生されて速やか

法隆寺　聖霊院

に悟られるようにとお祈りされました。その後、同年二月二十一日にお后が亡くなられ、翌二十二日に聖徳太子が登遐（崩御）されます。そして翌年の六二三年三月に願を立てた釈迦三尊像が完成しました。このわずかな幸福をもたらす福因によって仏を信じ、仏像を造るために協力した者の現在が安穏でありますように、もし死に至るならば間人皇后や聖徳太子や太子のお后に従って仏教を紹隆して共に彼岸に救われたい、そして全ての衆生が苦しみを脱するように共に極楽往生して悟りを得たい、と願って仏像を司馬鞍首止利という仏師に造らせた、ということが銘文に書かれております。

聖徳太子の病気平癒を願って造られ始めた釈迦三尊像ですが、太子が登遐されて太子の菩提を願う釈迦三尊像に変わったわけです。この願いこそが聖徳太子への信仰の芽生えだと思われ、法隆寺とともに聖徳太子信仰が発展してきたと言えます。

◎――聖徳太子が願われた平和と平等の世

さて、聖徳太子がおられた時代というのは、朝鮮半島の三国に対する外交方針、国内の政治、皇位継承などにおいて氏族同士の争いが絶えない時代であり、天皇らが殺害されたり、廃仏・崇仏ということで争いが起こったり、悲惨な出来事が多い時代でもありました。このような時代に聖徳太子は平和な世の中を作りたいと考えられ、その実現のために仏教を広めたいと思われたのです。五九三年に推古天皇が即位され、太子は摂政となられますが、その翌年の五九四年のことが『日本書紀』に次のように書かれております。

『日本書紀』推古二年
「二年の春二月《はるきさらぎ》の丙寅《ひのえとら》の朔《ついたちのひ》に、皇太子《ひつぎのみこ》及《およ》び大臣《おほおみ》に詔《みことのり》して、三宝《さむぽう》を興《おこ》し隆《さか》えしむ。是の時に、諸臣連等各君親《もろもろのおみむらじたちおのおのきみおや》の恩《みめぐみ》の爲《ため》に競《きほ》ひて仏舎《ほとけのおほとの》を造《つく》る、即《すなは》ち是《これ》を寺《てら》と謂《い》ふ。」

これは一般的に「三宝興隆の詔」と言われています。三宝は仏法僧という三つの宝で、「仏」というのは悟りを開いたお釈迦様のこと、「法」というのは教え、お経、人々が信じるべき真実であり、「僧」というのはお坊さんですが個人の僧ではなく和合衆という意味で、仏教の教えを実現することを目的として修業し努力する僧たちの集団のことです。その仏法僧の三つが揃うことによって、本当の仏教ということになるのです。
仏法興隆を具体化して示したものがお寺ですが、仏法興隆という言葉の中の法興から法興寺、法隆から法隆寺というお寺が建てられました。この時代のお寺は天皇や各家の親たちの恩に報いるために建てられたものですが、これによって仏法が盛んに広がったのであります。聖徳太子も多くのお寺を建てられましたが、『聖徳太子傳私記』によりますと聖徳太子が建立したお寺は四十六カ寺に上ると言われており、お寺を建てることで仏教の教えを国の教えとして広め、天皇を中心とした国家を建設しようと考えられたわけです。

『釈日本紀』巻十四「伊予国風土記」（伊予湯岡碑文）（推古四年）
「惟《おもん》みれば夫れ、日月は上に照らして私せず、神井は下に出でて給せずということ無し。万機は所以に妙応し、百姓は所以に潜《とお》く扇ぐ。若乃ち照給に偏私無し、何ぞ寿国に異ならむ。（略）」

また、法興六年（五九六）に聖徳太子は仏教の師であった慧慈法師や葛城臣とともに伊予の村（現在の道後温泉）に行かれ、神井つまり温泉の効き目に感心して右の碑文を作っておられます。
これを現代語に訳しますと、思うにお日さんやお月さんは上にあってすべてのものを平等に照らし、私事にはしていない。神井、温泉も下から湧き出でて誰にでも公平に恩恵を与える。すべての政はこのように自然に適応して行われ、人々はその自然に従ってひそかに動いているのである。だから太陽がすべてを平等に照らし、偏りなく照らすのは寿国、極楽のようなものであるという意味で、聖徳太子がすべてのものに平等な世界を願われた碑文が伊予に残っています。

◎――十七条憲法の教え

そして、すべての人が平等で争いのない平和な理想の国を実現するため、聖徳太子は六〇四年に十七条憲法を定められました。この頃、豪族が勝手なことを言って自然全体にまとまりがないので、皆が仲良く暮らしていくために、天皇を中心として、仏教、儒教の教えに基づいた役人の心得として十七条憲法が作られたわけでございます。

十七条憲法
第一条
「一に曰く、和を以て貴《とうと》しと爲し、忤《さから》ふこと無きを宗《むね》と爲よ。人皆黨《たむら》有り、亦達《さと》れる者少なし。是《ここ》を以て、或は君父《くんぷ》に順《したが》わず、また隣里《りんり》に違《たが》う。然れども上《かみ》和ぎ下《しも》睦びて事を論《あげつら》うに諧《かな》うときは、即ち事理自《おのずか》ら通ず、何事か成らざらん。」

この第一条が十七条憲法の根幹であり、一番重要な条文です。和というのは和らぐとか調和、ハーモニー、和平、平和という意味に使われますが、第一条では和合、調和して仲良くするということの重要性を示されており、すべての人々が一致してお互いに穏やかに心が和らいで仲良く敬いあうことが最も重要で、むやみに反抗しないことが大切だと言っておられます。そして、人にはそれぞれ互いを庇いあう仲間同士のグループがあり、仏のように悟っている者は非常に少ないということです。隣里というのは近所の村のことで、周りを取り囲んでいる人達ということでしょうが、時には君主や親に背く者、周りの人達に背く者が現れると言っておられます。

聖徳太子は『三経義疏』というお経の解説書の中で「事理」という言葉について説明されておられますが、「事」というのはすべての事物と現象、「理」というのはあるべき道理、真理です。様々な事柄が真理と通じればいかなる問題も必ず成就するということでありまして、上の者が和らいで下の者と仲良く睦まじく親しく何事も話し合えば道は自然に通じて真理のままに事々が行われるようになり、この世の中に実現できないことは何もなく、自ずから和の世界が出てくるというわけです。

第一条を簡単に訳しますと、人には調和が何よりも大切で、他の人々に逆らわないようにすることが大切である。人にはそれぞれ好むグループがあって仏のように悟っておられる者は少ない。従って仕えるべき上司や親の命令に背いたり、周りの人と意見を違えたりすることになる。しかし、上の者の心が穏やかで下の者の心が素直であれば、たとえどんな議論をしても必ずお互いに通ずるようになるのだから、世の中に実現できないことは何もない、ということでございます。

第二条
「二に曰く、篤《あつ》く三寶を敬え。三寶とは佛と法と僧となり。則ち四生《ししょう》の終歸《しゅうき》、萬國《ばんこく》の極宗《ごくしゅう》なり。何《いず》れの世、何れの人か、是の法を貴《とうと》ばざる。人尤《はなは》だ悪《あ》しきもの鮮《すく》なし、能《よ》く教ふれば従《したが》ふ。其れ三寶に歸《き》せずんば何を以てか枉《まが》れるを直《ただ》さん。」

第二条は三宝すなわち仏教に帰依し敬えということです。「四生」とは四つの生まれ方のことで、仏教の考え方では地球上の生物は胎生・卵生・湿生・化生という四つの形で、母胎から生まれる、卵から生まれる、蚊のような虫などは湿気た場所から生まれてくる、化生というのは自ら業力によって突然に生まれてくる、という四つの生まれ方に分類しています。その生きとし生けるものの最後の拠り所である。すべての国にとって仏教はこの上もない大切なものであり、すべての時代を通じ、すべての人々が尊ばなければならないのは仏法であるということです。人間というものは極めて悪い人間は少なく、性善説に立って教え導いて善に向かわせることが必要であり、仏教に帰依し敬うことによって已の曲がった根性や心を真っすぐに正すことができると言っておられるわけです。
第二条を要約しますと、仏教の三つの宝である仏・法・僧を心から敬いましょう。これは生きとし生けるものすべての最終的な拠り所であり、すべての国にとって最も大切な教えである。したがっていかなる時代、いかなる人があってもこの教えを尊ばなければならない。極めて悪い人間は非常に少なく、それらの者もよく教え導きさえすれば付いてくるものだ。もし三宝を拠り所としないならばどうやって心の曲がっている人を正しくすることができようか、ということになります。

第五条
「五に曰く、饗《あじわい》を絶《た》ち、欲《たからほし》を棄《す》てて、明らかに訴訟《うったえ》を辨《わきま》えよ。其れ百姓《ひゃくせい》の訴《うったえ》は一日《じつ》に千事あり。一日すら尚爾《なおしか》り、況《いわ》んや歳を累《かさ》ぬるをや。頃訴《うったえ》を治《おさ》むる者、利を得るを常と為し、賄《まいない》を見て、讞《うったえ》を聴く。便ち財あるものの訴は、石を水に投ぐるが如く、乏《とぼ》しき者の訴えは、水を石に投ぐるに似たり。是を以て、貧《まず》しき民は則ち由る所を知らず。臣道も亦焉《ここ》に闕《か》く。」
第五条は、裁判・政治は公明正大であるべきだという戒めの言葉です。仏教では人間の心を毒する根本的な煩悩を「三毒」といいますが、これは貪《とん》・瞋《じん》・痴《ち》という三つの煩悩を指しており、「貪」というのは貪欲で貪る心、「瞋」は瞋恚《しんに》という怒りの心、「痴」は愚癡《ぐち》という愚かな無知であり、この三つが人間を毒するということです。ここでは三毒の中の貪欲、貪りの心についで述べておられ、「饗」は食を貪る、「欲」は財物を貪るということで、役人たるものは飲み食いの貪りを絶ち、金銭や物品の欲を捨て、国民の訴えを公正に聞かなければならないということです。
庶民の訴えは一日に千件もあり、一日でさえそうであるのにそれを放置して年月を重ねると大変な件数になってくるが、訴えを扱う者は利益を得るのが通常となっていて賄賂を見てから訴えを聞いており、財のある者の訴えは石を水に投げたら沈むようにすぐに聞き入れられるが、貧しき者の訴えは水を石にかけるように弾かれて聞き入れられない。これでは貧しき者は何によって進んだらよいのか拠り所がわからない。臣道というのは朝廷に仕える者の道であり、差別なく平等にすることが臣道であるという教えで、貧しき者が拠り所がわからなくなるのは朝廷に仕える官吏の道に背くということになります。

第六条
「六に曰く、悪を懲《こ》らし善を勧《すす》むるは、古《いにしえ》の良典《よしのり》なり。是を以て人の善を匿《かく》すことなく、悪を見ては必ず匡《ただ》せ。其れ諂《へつら》い詐《あざむ》く者は、則ち國家を覆《くつがえ》す利器たり。人民を絶つ鋒剣《ほうけん》たり。

亦倭《かたま》しく媚《こ》ぶる者は、上に対しては則ち好みて下の過《あやま》ちを説き、下に逢いては則ち上の失《あやまり》を誹謗る。其れ此の如き人は、皆君に忠なく民に仁なし。これ大乱の本なり。」

『勝鬘経義疏』

「悪を息《や》め、善を修せば、聖化《せいか》久しく住《とど》まる。聖化世に住まれば、善来り悪去る。」

『維摩経義疏』

「夫れ天下の事品《じほん》は羅《しげ》しと雖も、要は悪を離れて、善を取るに在り。悪を離れ善を修するは、必ず三宝を以て本と為す」


第六条は悪を懲らしめ善を勧める一条で、聖徳太子は『勝鬘経義疏』の中で、悪の行為を止めて良い行為を修めれば仏など聖人の教化によってこの世に留まり、善が来て悪が去ると述べておられ、『維摩経義疏』の中では悪を離れ善を修めることを仏教を根本として行いなさいと述べておられます。第六条では、悪を懲らし善を勧めることは昔からの良い教えであるので、官僚や役人は人の良い行いを隠すことなく、悪い行いを見れば必ず正さなければならないと述べられておられるのです。

木像聖徳太子坐像（国宝　平安時代）　法隆寺蔵

心にもないことを言って他人の機嫌を取り、嘘をついて騙す者は国家を滅ぼす鋭い武器のようなもの、人民を絶えさせる鋭い刃の剣のようなものであり、口先が上手いだけで誠意なく媚びへつらって目上の者に目下の過失を説き、目下に対しては目上の失敗を非難するような者は、君に対して忠誠心がなく、民に対して仁徳がないので、国家を滅ぼす大乱のもとになるということです。忠というのは偽りのない真心で君子に対して家来が本分を尽くすことで、仁とは慈しみの心、思いやりのことです。

第九条

「九に曰く、信は是れ義の本なり。事毎《ごと》に信有れ。其れ善悪成敗《ぜんあくせいはい》は要《かなら》ず信に在り。群臣共に信あるときは、何事《なにごと》か成らざらん、群臣信なきときは、万事悉く敗《やぶ》れん。」
第九条では、儒教における五つの徳目の一つである「信」の重要性が説かれております。中国の『易経』には「信と云は心も言葉も実ありて偽なく」と書かれています。信という字は人の言葉ということで人間の心と言葉が一致することを表しており、信は「まこと」とも読みますが、「まこと」があるから信じられるのだということです。義は正しい筋道、物事の道理に適うということで、信をもって約束を守り、人として義務を忠実に果たすことは物事の道理に適う根本である。何事をなすにも真心をもってしなければならない。物事の善悪や物事が成功するか失敗するかは信があるかないかによって決まるので、君主に仕える者の多くに信があるときは何事でも成就するし、その反対に君主に仕える者の多くに信がないときはすべて失敗する。何事をなすにも真心をもってしなければならないという信の大切さを述べておられるわけでございます。

第十条
「十に曰く、忿《こころのいかり》を絶ち瞋《おもていかり》を棄《す》て、人の違《たが》うを怒らざれ。人皆心あり、心各執《と》るところあり。彼是《よし》すれば則ち我は非《あし》なん、我是すれば、則ち彼は非とす。我れ必ずしも聖に非《あら》ず、彼必ずしも愚《ぐ》なるに非ず、共に是れ凡夫のみ。是非の理《ことわり》、誰ぞ能く定むべき。相共に賢愚《けんぐ》なること、鐶《みみがね》の端なきが如し。是を以て、彼の人瞋《いか》ると雖も、還我が失《あやまち》を恐れよ。我独り得たりと雖も、衆に従い同じく挙《おこな》え。」

第十条は、先ほどお話しした三毒の一つである「瞋」、自分の気に入らないものに対して怒る心を棄てなさいということです。古くから「忿」という字を「こころのいかり」と読んで、腹を立てる内心の怒りを表し、「瞋」というのは目を怒らせるという意味で表情に現れる体の怒りを表しております。心の中の怒りを絶ち、表に出る怒りを捨てて、人と私の違うことを怒ってはならないということです。人は皆それぞれ心を持っていて、その心にはそれぞれの思いや囚われがあるので、彼が正しいと考えることが私は間違っていると考え、私が正しいと考えることが彼は間違っていると考えますが、必ずしも私が聖者であるわけでもなく、また彼が愚者であるわけでもなく、どちらも共に凡夫に過ぎず、普通の人であります。正しいか間違っているかの道理というものは誰が判定できるだろうか、お互いに賢者であり愚者であるのであって、鐶はイヤリングかピアスということになりましょうが、金の輪の耳飾りは丸いのでどこが端なのかわからず、端がないようなものであるように、どちらが賢いかどちらが愚かなのかというのは決め手がないのです。それゆえに人が怒っているからといってこちらも腹を立てるのではなく、むしろ自分に過失がないか反省しなければならず、自分一人が正しいと思っても多くの人々の意見を聞いて、それに従って共に行動しなければならないということでございます。

十七条
「十七に曰く、夫れ事は獨《ひと》り斷《さだ》む可からず。必ず衆と與《とも》に宜しく論《あげつら》ずべし。少事は是れ輕《かろ》し、必ずも衆とすべからず。唯大事《だいじ》を論うに逮《およ》びては、若し失《あやまち》有らんことを疑う。故に衆と與に相い辨《わきま》うるときは、辭《ことば》則ち理《ことわり》を得ん。」

そして最後の十七条には物事を一人で決めてはならないということが述べられております。そもそも政は一人で判断して定めるべきではなく、必ず皆と一緒に議論すべきであり、小さなことは軽いので必ず皆と相談する必要はないが、ただ大きなことは議論し、あるいは過失がないかを疑うべきであって、皆互いに物の道理を十分知ることができればその事柄の道理が明らかになるということで、第一条の「事理自ずから通ず」ということを違った表現で言っておられるわけです。

ここまで十七条憲法の一条から十七条の良いところを抜粋しましたが、この十七条憲法はまさに聖徳太子のこころを知ることができるものでございます。
『日本書紀』推古十四年
「秋七月に、天皇《すめらみこと》、皇太子《ひつぎのみこ》を請《ま》せて勝鬘経を講《と》かしめたまふ、三日に説き竟《お》へつ。是歳《ことし》、皇太子、亦法華経を岡本宮に講く、天皇、大きに喜びて、播磨國の水田百町《たもところ》を皇太子に施《お》りたまふ。因りて斑鳩寺に納《い》れたまふ。」
聖徳太子は晩年、勝鬘経・維摩経・法華経という三部のお経の研鑽に取り組まれておられました。六〇六年に太子は推古天皇のために勝鬘経を説かれ、続いて法華経を説かれましたが、これによって兵庫県揖保郡太子町の水田が法隆寺に納められたということです。

◎──聖徳太子の三つの遺訓

そして最後になりますが、聖徳太子はお亡くなりになる前に後世のために三つの訓戒を残しておられます。

『天寿国曼荼羅繍帳』

「世間虚仮　唯仏是真」

まず一つ目は、敏達・推古天皇の孫であり、聖徳太子の妃の一人であった橘大郎女《たちばなのおおいらつめ》に残されたお言葉です。橘大郎女は聖徳太子や間人皇后がお亡くなりになられたのを悲しんで、太子が往生されたに違いない天寿国の様子を描いた『天寿国曼荼羅繍帳』を作らせました。その中に出てくる「世間虚仮　唯仏是真」というお言葉が聖徳太子の遺訓です。世間は虚しい仮のものであり、ただ仏のみがこれ真なりということで、仏教の真実というものを大事にされ、仏教への帰依が説かれております。


『大安寺伽藍縁起幷流記資財帳』

「財物《ざいもつ》は亡び易く永く保つ可からず、但だ三宝の法のみ絶えずして以て永く伝う可し」

二つ目は、田村皇子（後の舒明天皇）が病床にお見舞いに行かれた時に、聖徳太子から残された遺訓で、『大安寺伽藍縁起幷流記資財帳』に記されております。財物はいずれ滅びてしまうもので永遠に保つことができない。しかし仏教の教えだけは永遠に滅び絶えることがなく、永く伝えるべきものである、というお言葉で、仏法の教えを永遠に伝えることを願っておられるのです。これは仏法が真実であり永遠であることを示しており、三宝の真実に帰依すべきであるということで、「篤く三宝を敬え」という十七条憲法第二条や「世間虚仮　唯仏是真」というお言葉と同じことを、違った表現で言っておられるわけでございます。

『七仏通戒偈』
「諸悪莫作　諸善奉行　自浄其意　是諸仏教」

そして三つ目の遺訓として、聖徳太子はお子様である山背大兄王やその他の皇子たちに『七仏通戒偈』というお経の「諸悪莫作　諸善奉行」という二句を大事な教えとして残されたのですが、これは太子自身が生涯にわたって戒めとされたお言葉であると言われております。「諸々の悪をなすことなかれ、諸々の善を奉行せよ、自ら心を清くすること、それが諸仏の教えである。」という偈文でして、簡単に言えば、悪いことをするなということでもあります。
仏教では悪を十にまとめた十悪というものが説かれます。
「十悪」　殺生・偸盗・邪婬・妄語・綺語・悪口・両舌・貪欲・瞋恚・愚癡
これは体で行うところの悪である身の三悪、口で言うところの悪である口の四悪、そして心に思うところの悪である意の三悪を合わせた身口意で行う十悪です。身の三悪は、生きとし生ける命あるものを殺す「殺生」、人のものを盗む「偸盗」、邪な淫らな行為である「邪婬」の三悪です。口の四悪は、人に嘘をつく「妄語」、真実に背いた誤った言葉で人を騙す「綺語」、人を罵るような「悪口」、相反する言葉を使い分け二枚舌で人を惑わす「両舌」の四悪です。そして意の三悪は先ほども申し上げました貪瞋癡の三毒、貪りの心である「貪欲」、怒りの心である「瞋恚」、愚かな見解である「愚癡」の三悪です。この十悪というものがなかなか取り除くことができないということで、大乗仏教では十悪が戒められております。

これに対して「諸善奉行」は諸々の善を行えということで、これは十悪の反対に、不殺生・不偸盗・不邪婬・不妄語・不綺語・不悪口・不両舌・不貪欲・不瞋恚・不愚癡という十善になります。これら十善の行いは「十戒」、「十善戒」または「十善法戒」とも言いまして、大乗仏教ではすべての人を救うことを目的に修行をしている菩薩が守るべき重要な戒めとされており、菩薩の最も尊い行いである慈悲の行につながってくるものです。聖徳太子は、人々を教化し正していくために、まず己を正す必要があるとされ、そのために身口意の十善を行うことが重要な善行であることを示されたのです。

◎――おわりに

ここまで聖徳太子のお話をして参りましたが、聖徳太子は仏教の教えを国の拠り所として十七条憲法を作られ、仏教を学んで勝鬘経・維摩経・法華経の三つのお経の注釈書である『三経義疏』の制作に取り組まれ、そして最後には仏の真実の教えを後世に残すために三つの遺訓を残されたのです。こういう形で聖徳太子が我々をお救い下さるというふうに考えられ、聖徳太子は救世観音の化身であると考えられるようになり、そういった伝承が太子信仰というものを発展させてきたわけでございます。

聖徳太子の心を支えていたものが仏教であり、人々が平和で安穏に暮らすことができる理想の世界の実現を願われ、自ら仏の教えを実践される生涯を送られたのでございます。多くの人々を救って下さる太子の利他の心とそれを信じる人々の心が太子信仰の根幹となっており、この心が今も受け継がれて聖徳太子一千四百年御遠忌法要が行われ、無事済ますことができたわけでございます。皆様方の心にも、たまには聖徳太子のことを思い出していただけたらと願っております。どうもありがとうございました。

〔特別寄稿〕

「鶴林寺太子堂荘厳画」の芸術性の回復

―想定復元模写を通して―

高木 かおり

◎――はじめに

日本には古くから、壁画や柱絵のように建造物に直接絵を描いている作品が多くあります。しかし、それらは日常的な気温や湿度の変化、紫外線などの影響による剥落などの劣化が進み、現代まで残っている作品はわずかしかありません。ところが、長年の薫香などによる煤煙等が付着することで、それが画面の保護膜の役割となり現代まで残り続けている作品が兵庫県加古川市に所在する刀田山鶴林寺にありました。

刀田山鶴林寺は天台宗の古刹で、聖徳太子信仰の故地として注目されています。境内には、国宝に指定されている太子堂、本堂をはじめとして数多くの文化財が伝来してきた大寺であります。その太子堂内に肉眼では確認することができない絵画が描かれています。

太子堂の建立年代は、大正七年（一九一八）に解体修理を行った際に発見された旧屋根板墨書に書かれた墨書銘から、天永三年（一一一二）の建立が一つの目安として推測されています。ですが、近年では色々な方面からの研究が進み、美術史的、建築史的見解によってそれぞれの建立年代の可能性が掲示されています。

太子堂内は、中央に須弥壇が設えられ、その四隅に四天柱を立てています。その後方の柱間に仏後壁が嵌め込まれ、仏後壁の表面には九品来迎図、背面には仏涅槃図がそれぞれ画面いっぱいに表されています。四天柱は、前方の東柱に八大菩薩・十二神将、南柱に二菩薩・十羅刹女・八部衆、後方の西柱に倶利伽羅龍剣・五童子、北柱に不動明王三童子・五部使者・文殊菩薩が表されています。いずれも壁画同様に上から下までいっぱいに諸尊が描かれています。そして、須弥壇長押の四天柱筋小壁には飛天・飛び楽器が描かれていますが、それら全ての絵画は黒変してしまっている状態です。以前からこの壁画の存在は知られていましたが、その全貌は明らかにはなっていませんでした。それが当時、鶴林寺副住職であった幹栄盛氏による、赤外線写真撮影により壁画等に荘厳画が描かれていることが確認されたのです。絵画や書に用いる墨は、赤外線をよく吸収し、さらに赤外線は表面の絵の具や汚れを通過する性質を持っているため、絵の具や汚れの奥に隠された図様を赤外線写真撮影によりその画像から確認することが可能となります。昭和五十一年（一九七六）には、改めて赤外線写真撮影による本格的な調査が鶴林寺と奈良国立博物館によって行われ、その後も美術史学調査が度々行われることにより、徐々にその詳細が明らかになっていきました。その調査によって得られた情報などから、図様や線描の美しさが注目されて美術史などに取り上げられることも多々あります。しかし、それは赤外線画像からでしか議論されていないのが現状でした。

そして、これらの絵画は建造物に直接描かれているため、現状のまま長い年月を経れば、劣化の進行を防ぐことはできません。

そこで、この赤外線写真撮影の画像を利用し、煤の奥に眠る図様を日本画の伝統技術、材料を用いて製作当初の姿に復元することはできないだろうかと考えました。

復元は、赤外線写真の画像からの情報だけではわからない製作当初の芸術性を視覚的に確認することを目的とし、彩色を含めた想定復元模写を実施することにしました。想定復元模写の制作には、原本と同様の基底材を使用し、肉眼では見えない線描を明らかにすることと、剥落箇所の図様と彩色の復元に重点を置くことにします。

そのため、赤外線写真撮影に加えて彩色についての情報を得る目的で蛍光X線分析調査も行いました。蛍光X線分析は、色彩が施されている箇所に微弱なX線を照射し、その反応から得られる情報により、絵の具に含まれている元素を同定することができます。非破壊で元素組成のデータを得ることができる分析方法です。この調査方法により顔料分析を行い、実際に使用されていたと思われる顔料の推定を行うことにしました。

なお、想定復元模写制作は、壁画表面・裏面、四天柱、四天柱筋小壁の制作を行う事とします。

◎——想定復元模写制作　—基底材の作製—

（1）槍鉋による表面処理

制作は、原本と同様に檜材を使用し、表面を鉋で処理していきます。当時、使用されていたと思われる鉋は、槍鉋と言われるもので飛鳥時代から使われてきた大工道具の一つです。室町時代には現在見られるような台鉋が普及するようになり、その後槍鉋は姿を消しましたが、宮大工である西岡常一棟梁によって法隆寺の削り跡から刃物形体が推定され、復元されました。幸いにも当時の実物が正倉院の御物として残されており、それを参考にして復元することができたそうです。

槍鉋は、一メート

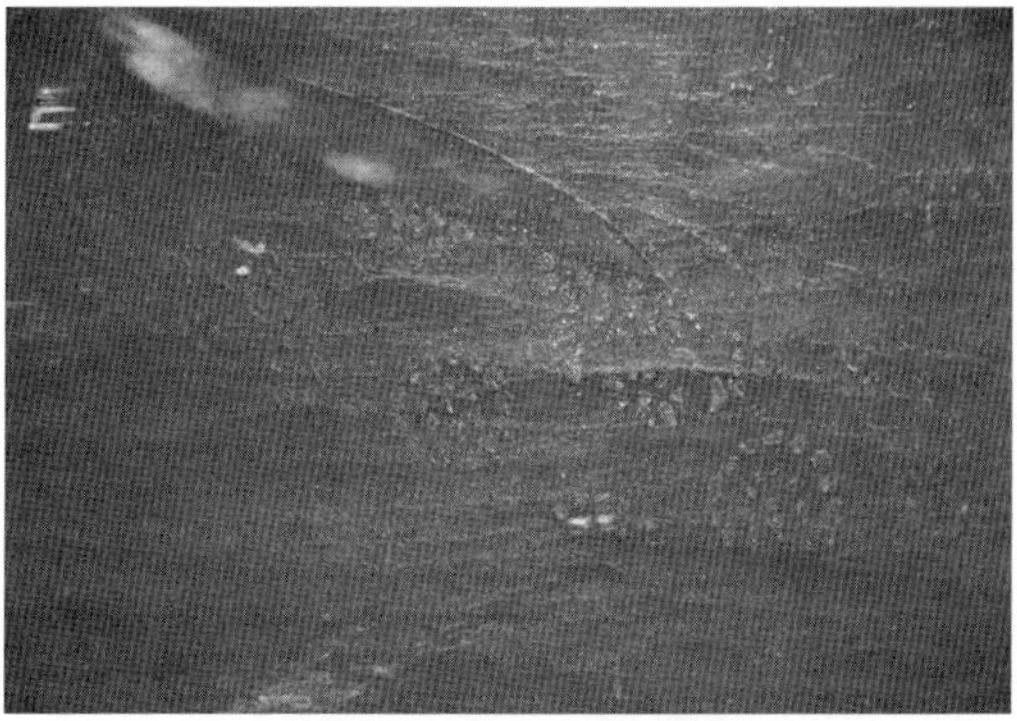

涅槃図（部分）　槍鉋跡

柱（部分）　槍鉋跡

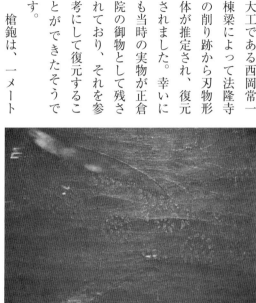

ル程の柄の先に槍のような形をした刃が付いており、仕上げの面を削るのに使われる道具です。この槍鉋で表面を仕上げたことで、原本と同様にさざ波模様の凹凸がある処理ができました。彩色をする際に、この凹凸に絵の具を乗せた効果が現れるので、より当時の風合いを感じることができるようにしました。

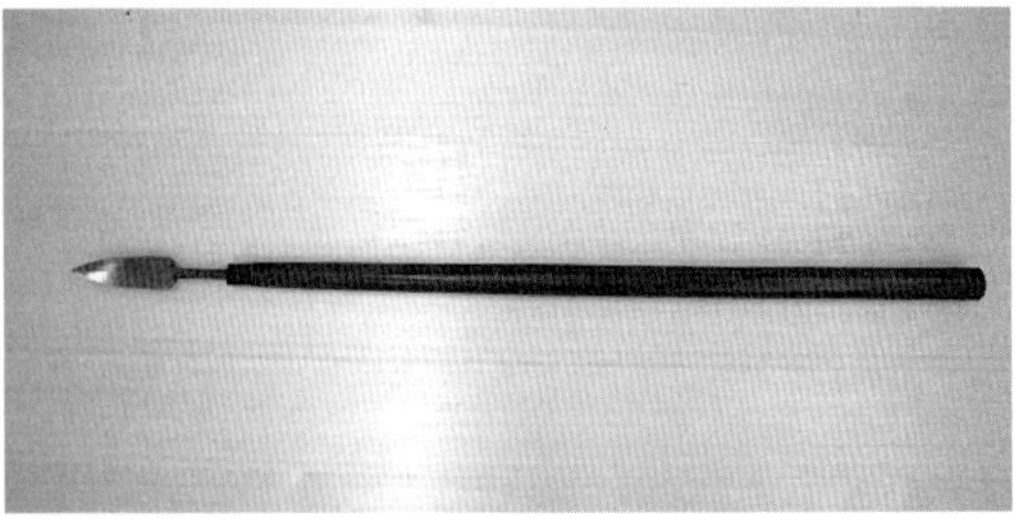

槍鉋

槍鉋仕上がりの状態

(2) 下地作りの実験・検証

・白土下地
槍鉋で仕上げた表面に白土で下地を施していきます。今回の蛍光X線調査結果では、鉛白(Pb)、胡粉(Ca)が検出されなかったことから、下地は白土であると推測できます。

白土は、白色粘土鉱物で一般にはカオリンと呼ばれている白色系の顔料の一つです。古くから壁画や仏像の彩色の下地に用いられています。白土下地は、適度な吸収性があるので、顔料の定着に非常に優れています。また、その白い地は顔料の発色にも有効であり、比較的安定した顔料なので木材を基底材とした絵画には重要な材料であります。白土は採取される産地や加工の仕方によって色や粒子が違います。原本の目視調査から、比較的太子堂の壁画に近い風合いの白土を用いて膠《にかわ》の濃度の実験・検証を行います。

・膠

膠は、古くから使われている接着剤のひとつです。日本画の顔料を基底材に接着させる役割や、基底材の滲み止めとして用います。

現在、使用されている「和膠」には三千本と京上膠があります。原料の皮などを煮て、その煮汁の煮こごりを寒風の中に敷き並べて乾燥しただけのものが「和膠」といいます。それぞれの特徴を挙げると、三千本は、製造工程の中で精製されているため、京上膠と比べると不純物が少なく、透明度があります。京上膠は、精製されていないため、溶かす前の膠は、色が濃く濁っているように見えます。また、不純物が多いため、腐りやすく、管理に気をつけなくてはなりません。しかし、精製されて作られた三千本より、不純物を多く含む京上膠のほうが強い接着力を持ちます。

それぞれの膠の特徴に気をつけ、この二種類のうち復元模写を制作する上で適した膠を使用することにしました。素地が壁面の広い木材であること、白土下地という白色の絵具に使用することを考慮して、膠の選択、濃度を十分に実験・検証した上で特定します。建造物に施す下地のため、堅牢さを必要としますが膠の濃度が濃いと白土の発色が鈍くなり、また乾燥する時に木材と白土下地の収縮力の差で表面に割れが生じてしまいます。より安定した白土地を作るため、実際に槍鉋をかけた生地を用いて白土の剥離実験を行い、それぞれの定着力を比較する必要がありました。

実験は、数十種類の濃度を変えたドーサ（薄い膠液に明礬《みょうばん》を加えて基底材に施し、滲み止めとしたもの）と膠の白土地にカッターナイフで三ミリ四方に細かく傷をつけて、そこにテープを貼り均等な強さで剥がしていき、その剥落具合を比べるというものです。実験の結果、三千本よりも京上膠の方が同じ濃度でも生地への食いつきが強いことがわかりました。また、三千本を用いた白土は、京上膠の白土より硬く脆い結果となりました。三千本に比べ京上膠は、柔軟で接着力に優れ、硬化して脆くなりにくいのですが、白土の発色に関しては、やはり多少の鈍さが感じられました。今回の剥離実験の結果、接着力と柔軟性があり、さらに経年変化しにくいという三点がかなう京上膠を選択し、白土の発色にあまり影響のない濃度のものを選択しました。

また、槍鉋と同時に現在使用されている電気鉋で表面処理をした木地も同時に実験しましたが、槍鉋で仕上げた表面の方がより、白土の食いつきが良い結果となりました。

◎——図様の再現

赤外線写真や蛍光X線写真の調査でも図様の認識が不可能な欠損部分に関しては、制作年代が近い類似作品との比較に基づいて復元を行います。壁画の表面の九品来迎図は、著しい欠損部はあまりありませんでしたが、扉に面している裏面の涅槃図、柱絵に関しては図様が確認できない箇所が多く見受けられました。欠損した図様の復元にあたり、主観にとらわれないようにするために、同時代に製作された類似作品と比較検討することによって美術史的根拠に基づき、客観性を持たせます。涅槃図などの仏教絵画は、宗教の対象だったこともあり経典をもとに写し伝えるという方法で伝承されてきたこともあり、多くの仏画に共通性があります。特に応徳三年（一〇八六）金剛峯寺所蔵の涅槃図（国宝）には類似する点が多くあります。一部の尊像やその表情には応徳涅槃図と酷似するものがあり、禽獣も獅子のみで天上から飛来するのも摩耶夫人と勝音天子の組み合わせであるなど、共通する要素が多くあります。また、太子堂の涅槃図の代表的な文様にいたっても応徳涅槃図と酷似しています。このように両本には強い近似性があり、両者の祖本の間にきわめて近い関係が存在したか、あるいは同一の祖本を用いた可能性も考えられます。

また、壁画や柱絵と同一と思われる作者の尊像の顔の描き方も参考にして再現を行いました。

ですが、柱絵については、太子堂の柱絵のように展開すると一枚の絵画のように

応徳三年（1086）金剛峯寺所蔵仏涅槃図

なっているという図様は類例がありません。通常、柱絵に描かれている作品は、模様や柄のように図様が入っていることが多くあります。復元模写では、太子堂の柱絵の中で法則性を見つけ、また、複数いると思われる作者の癖を探り出し、それぞれの柱絵の中で不自然にならないように尊像の特徴を理解して図様を完成させなければなりませんでした。

図様の再現は、赤外線画像から線描と剥落、汚れなどの違いを見分けて出来うる限りの線描を抽出していくという途方もない作業となりました。途切れた線描のカケラを見つけ出し、それをもとに図様を再現します。この作業で注意しなければならないことは、途切れた線描を形にしていく際に、不自然な形に陥らないようにしなければならないということです。ここは非常に、画家としてのものの見方や考え方などの経験が活かされる作業となりました。

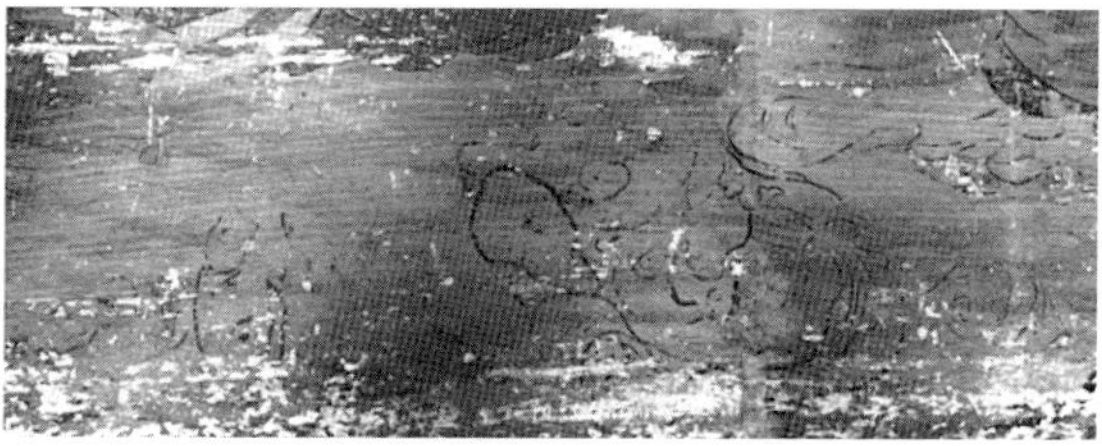

赤外線画像　金剛力士

再現図　金剛力士

裏面涅槃図の画面下にいる金剛力士においては、ほとんど図様が確認できないため、美術史上では羅漢であるという説が多くありました。しかし、わずかに残った線描を形にしていくことで天衣や頭髪の特徴を捉えることができ、この尊像は金剛力士であると確信することができました。この尊像を金剛力士と推定したことで、羅漢が一人離れた位置にいる不自然さから解消されたのではないかと思います。

◎──色料の推定

彩色の再現をするにあたり、原本における背景や調査結果を参考にして、当時どのような彩色方法であったのかを検討しました。原本のある太子堂は、もとは法華堂として建立されており、正面三間、側面四間の宝形造、檜皮葺、正面一間に通り庇をつけて礼堂とした仏堂であります。もともと法華堂は、現世の罪業を悔い改める法華懺法を修する堂舎であり、来世の往生を願って常行三昧を修する常行堂とともに設けられています。厳しい法華三昧の修行の場である鶴林寺のもと法華堂、常行堂とともに穏やかな姿でありますが簡素な造りになっています。

彩色の再現は、このもと法華堂にあって自然に見える彩色方法を考えます。

また、彩色は同じ堂内の東壁にある厨子絵を参考にします。本図は、聖徳太子、毘沙門天、感応霊験図が描かれている壁画でありますが厨子に納められており、秘仏として伝えられているため、剥落は多いものの他の壁画や柱絵のように黒変しておらず、当時の彩色がそのまま残っています。また、図様や線描から同じ作者であると考えられます。そのため、本図の絵具の種類、塗り方などは、彩色を再現する上で信憑性のある有力な情報を与えると考えます。まず、本図には彫り塗りという彩色方法が確認できます。彫り塗りとは、線描を生かすために線描を塗り残して彩色をする技法のことです。彩色はしっかりと塗られているものの絵具の厚みは感じられません。また、白土地のままで彩色がなく線描だけで処理している箇所が確認できますが、染料が褪色した可能性も考えられます。色数が少なく淡白な彩色のように感じられますが、背景の白土地が見事に活かされています。

また、赤外線写真からも下描きの線描が確認できないため、最初の線描を活かした彩色方法であったと思われます。通常、赤外線写真でも墨線の上に顔料がかかっていると顔料の厚さにもよりますが線描がかなり見えにくい状態になります。しかし、壁画の赤外線写真からははっきりと線描が確認でき、線描の上に彩色を施されている部分は中間色で表されています。線描が二重になっている箇所もありませんでした。

蛍光X線調査と以上のことを総合して考えると、堂内の地は白土地で明るい印象でありましたが、絵全体に隙間なく彩色を施すような華美な彩色であったことは考えづらく、彩色よりも線描を重視した線描主義の作品であったと思われます。

彩色は、まず全体像を考えるために、線描きの白描図様に蛍光X線の元素分析による調査から推定した彩色を中心に色を置いていき、彩色のサンプルを製作していきました。

今回、蛍光X線調査を行った結果、壁画裏面の涅槃図から興味深い結果が検出されたので涅槃図の彩色を中心に述べていきます。

涅槃図の釈迦の着衣からは、ヒ素（As）と金（Au）が検出されました。ヒ素（As）を主成分とする顔料には、黄色系顔料の石黄と橙色系顔料の雄黄があります。これらは、劣化により変褪色を起こしやすい顔料です。そのため、肉眼で原本を見ると、淡く褐色しているのが確認できるため劣化による変褪色が進行していると考えられます。

ヒ素（As）を石黄または雄黄、金（Au）を金泥と推定すると釈迦の着衣は、金色で表せたと思われます。

蛍光X線調査により、原本に使用されている橙色系顔料は、鉛（Pb）から鉛丹、ヒ素（As）から雄黄と考えられます。古代から金泥や金箔を発色させるために下地には鉛丹を使用する例が多くあります。ですが、太子堂の涅槃図は、雄黄を下地としていると考えられます。これは、建造物の中の立面に描かれていることが理由ではないかと思われます。鉛丹は、粒子が非常に細かいパウダー状の顔料であります。それに対して、雄黄は一番細かい番数でも多少の粒子があります。そのため、金泥を重ねて塗る場合、粒子のある雄黄の方が上に顔料が乗りやすくまた､暗い建造物の中では雄黄の粒子が乱反射して金泥がより発色して見えます。このことから、復元模写は雄黄の上に金泥を重ねて着衣を表すこととしました。

また、釈迦の着衣の内側からは、銅（Cu）が検出されました。銅（Cu）を主成分とする顔料には群青と緑青があります。群青、緑青で着衣を塗ったサンプルをそれぞれ作り、比較しましたが、釈迦の頭髪の群青を引き立たせることと、地の金色との配色を考え、柔らかい印象のある緑青を選択しました。

釈迦の肉身からは、鉛（Pb）が検出されました。通常、釈迦の肉身は鉛白などの白色顔料に籐黄を重ねて黄色肉身で表すことが多くあります。籐黄は、黄色系樹脂でガンボージとも呼ばれています。透明感があり鮮やかで、古来から黄色の絵の具として用いられていますが、非常に褪色しやすいという特徴もあります。籐黄などの染料は蛍光X線の調査では検出できないため、使用していた可能性はありますが、釈迦の着衣が金色で表されていたと考えるため、今回は鉛白のみを使用した白肉身で復元模写を行いました。

また、太子堂の涅槃図の釈迦は、うっすらと目を開けていて涅槃に入る前だと思われます。このように目を開けている例は、新薬師寺所蔵の涅槃図、石山寺所蔵の涅槃図にありますが、やはり通常よりも白い肉身で表されています。

また、壁画表面九品来迎図においても、涅槃図と同様に釈迦の着衣からは金（Au）とヒ素（As）が検出されたので同様の方法で釈迦の着衣を金色で表しました。

◎――想定復元模写製作の作業工程

①まず、原本の赤外線写真を原寸大に引き伸ばし、線描を描き起こしていきます。これは、上げ写しという技法で模写や修理などに用いられます。手本となる書画の上に薄い紙をのせて写しとる技法です。その描き起こした線描に前項で行った図様の再現を加えることにより、白描図像による再現図を制作してこれを下図とします。
②次に基底材の作製で準備した原寸大の檜材にドーサ、白土を施していきます。白土は、塗りムラが出ないように薄塗りで二十回ほど重ねて塗布し、原本の白土と同じくらいの厚みになるようにしました。
③白土を施した基底材に白描図像による再現図を転写します。基底材の上に念紙（下図を本紙に写すための転写用紙で薄い和紙に木炭、鉛筆の粉を擦り付けるか、微粉末の顔料を日本酒などで軽く定着させたもの）、白描図様を重ねて図様を写し取っていきます。
④転写した線描を墨で描き起こしていきます。この墨で描き起こす技法は骨描きと言い、日

本画の絵画製作のはじめに行う重要な作業です。壁画裏面の涅槃図、柱絵は上に位置する菩薩は細い線描で繊細に描かれているのに対し、下の方の羅漢、八部衆、十二神将などの尊像は卓越した悲愴線でゆったりと描かれています。それぞれの尊像の線描の特徴を観察して描き分けます。
⑤　骨描きを終えた基底材に蛍光X線調査や類似作品の目視調査などによって推定した顔料で彩色を施していきます。

◎——想定復元模写制作を終えて

想定復元模写制作の順を追って振り返ってみたいと思います。

まず、太子堂内の荘厳画は、目視ではその図様が確認困難な作品でありました。そのため、赤外線写真撮影の調査が想定復元模写を制作する上で重要な役割を果たしました。今回、実施した赤外線写真撮影では、作品の細部を接写して撮影したため、図様の詳細な部分まで明確に読み取ることができたと思います。さらに、徹底した目視調査を行い、槍鉋の痕や白土下地の厚み、さらに文様の盛り上げなどを綿密に観察し記録しました。彩色においては太子堂内にある秘仏の厨子絵が同じ作者と見られたため彩色方法や、実際に使われている色数などを記録し参考にし、また蛍光X線調査を行うことで彩色の特定をより正確に検証することができました。これらの調査を取り入れたことで、信憑性の高い資料を得ることが可能となりました。

次に基底材の作製についてです。原本の壁画や柱絵は、表面が黒変して漆黒色に覆われていることによって当時の槍鉋の痕がより明確に確認することができます。その表面の様子は、現在の台鉋や電気カンナから受ける堅い印象と比べるならば、槍鉋の痕は人の手で作られた温かみが感じられます。このように壁画や柱絵の表面から受ける印象がまったく異なるため、想定復元模写は表面に槍鉋をかけることによって原本の印象により近づけることができたのではないかと思います。また、彩色することによって槍鉋の効果がさらに明快になりました。槍鉋で仕上げたさざ波上の表面に絵の具が溜まり、それが絵に深みや奥行きを感じさせて豊かな表情を作り上げることができました。

基底材の下地作りでは、原本と同様に白土を使用し、数種類の白土の中から粒子の大きさ・色・風合いなど、原本に近いものを選び、ドーサや膠の濃度を実験・検証することで木材の基底材に必要な条件の濃度のドーサ、膠を割り出すことができました。

図様の再現は、同期の類似作品、同じ作品内での図様を参考にし、剥落箇所を補っていきました。剥落のひどい箇所は、非常に困難を極めましたが、それぞれの図様の中で不自然な形に陥らないように細心の注意を払い復元しました。

以上の調査や研究をもとに想定復元模写の制作に取り掛かりました。

壁画表面の九品来迎図（口絵掲載）は、裏面涅槃図と同様に蛍光X線調査で釈迦の着衣から金（Au）、ヒ素（As）が検出されました。菩薩の着衣からは顔料が検出されなかったため染料を用いて彩色を施しました。透明感のある染料を使用することで、菩薩の中にいる釈迦が一際目立つようになり、空から舞い降りる来迎の軽やかさを表現しました。また、来迎やその他の人物たちとは対照的に山には粒子の粗い顔料が施されているのが確認できました。日本画の顔料は粒子が荒くなるほど色が濃く、粒子が細かくなるほど淡く白っぽい色になっていきます。九品来迎図の山は、その顔料の粒子の粗さから、濃い色で山を表していたと推測できるため、山や樹木には粒子の粗い顔料を幾重にも塗り重ねていき重厚感を出し、来迎との差をつけました。

また、本作品の九品来迎図は画面の端に群像を配置して画面全体を網羅できるような視点の流れを作っていますが、壁画の前には本尊が安置されていたため九品来迎図はその本尊の背景として、空間的な広がりを表現したと考えられます。本作品は、山や土坡、霞、樹木、海により場面を区切り、九品来迎を表しています。そして、それらが画面の中に一つの風景として大きな景観を作っています。また、その風景は金色の本尊の背景を荘厳するのにふさわしい彩色が施されていたと思われます。何度も塗り重ねた山に対し、白土地のままの霞、淡彩で仕上げ

四天柱　南柱
二菩薩・十羅刹女・八部衆

四天柱　東柱
八大菩薩・十二神将

た人物などの彩色により塗り分け、豊かに表現しました。

裏面涅槃図（口絵掲載）の色料の推定では、今回行った蛍光X線調査で、涅槃図の釈迦の着衣から金（Au）、ヒ素（As）が検出されました。釈迦の着衣が金色で表されている例がないため、実際に画面上に表すことは貴重な試みとなりました。

涅槃図については、画家の立場から絵画的視点についても少し触れてみたいと

四天柱　北柱
不動明王三童子・五部使者・文殊菩薩

四天柱　西柱
倶利伽羅龍剣・五童子

思います。

赤外線画像や線描のみでは、気づきにくいのですが制作を進めていくうちに本作品は、観覧する側の視点に随分と配慮が行き届いた作品であることが分かりました。まず、涅槃図には他には類例のない衝立が描かれていますが、この衝立と宝台の四角があることで中にいる釈迦に最初に視点が行くようになっています。さらに宝台下の尊像と摩耶夫人、勝音天人が中心に向かった角度に配置されていて観覧者の視点を中心の釈迦に導く構図となっています。右下三人の羅漢像にいたっては、それぞれの手の角度によって目線を中心に向かって誘導しています。そして、このように中心に向かうような視点で構図が考えられているにも関わらず、中心に集まった視点によってこじんまりと小さくまとまってしまった壁面には見えません。それは、なぜかと言うと絵の両端に外側に顔を向けた尊像が配置されているためです。その外側に向けた顔によって観覧者の目線を一度、外側へ逃しているため、絵の窮屈さが解消されるのです。涅槃図は画面上に入っている尊像の数が非常に多いため、視点がバラつきやすく見にくくなってしまう傾向があります。本作品は上記のように考えられている構図から、そういった見にくさを解消することができた作品になっていると考えます。

また、柱絵においても構図に興味深い箇所が見受けられました。柱単体でそれぞれの構図を展開図で見ると一枚の絵画として画面が成り立っていますが、北柱の孔雀に乗った文殊菩薩の位置には納まりの悪さがありました。それが、須弥壇の形に組み立てられて涅槃図と合わせた構図になるとその不自然さが解消されました。涅槃図の右上に配置されている摩耶夫人・勝音天人と対照となる位置に向き合って文殊菩薩が配置されていたのです。

当時、参拝者はどのような状況で本作品を見たのだろうと思いを馳せながら制作を進めていくうちに、描き手側の「伝える」という最も根本的な思いに行き当たりました。

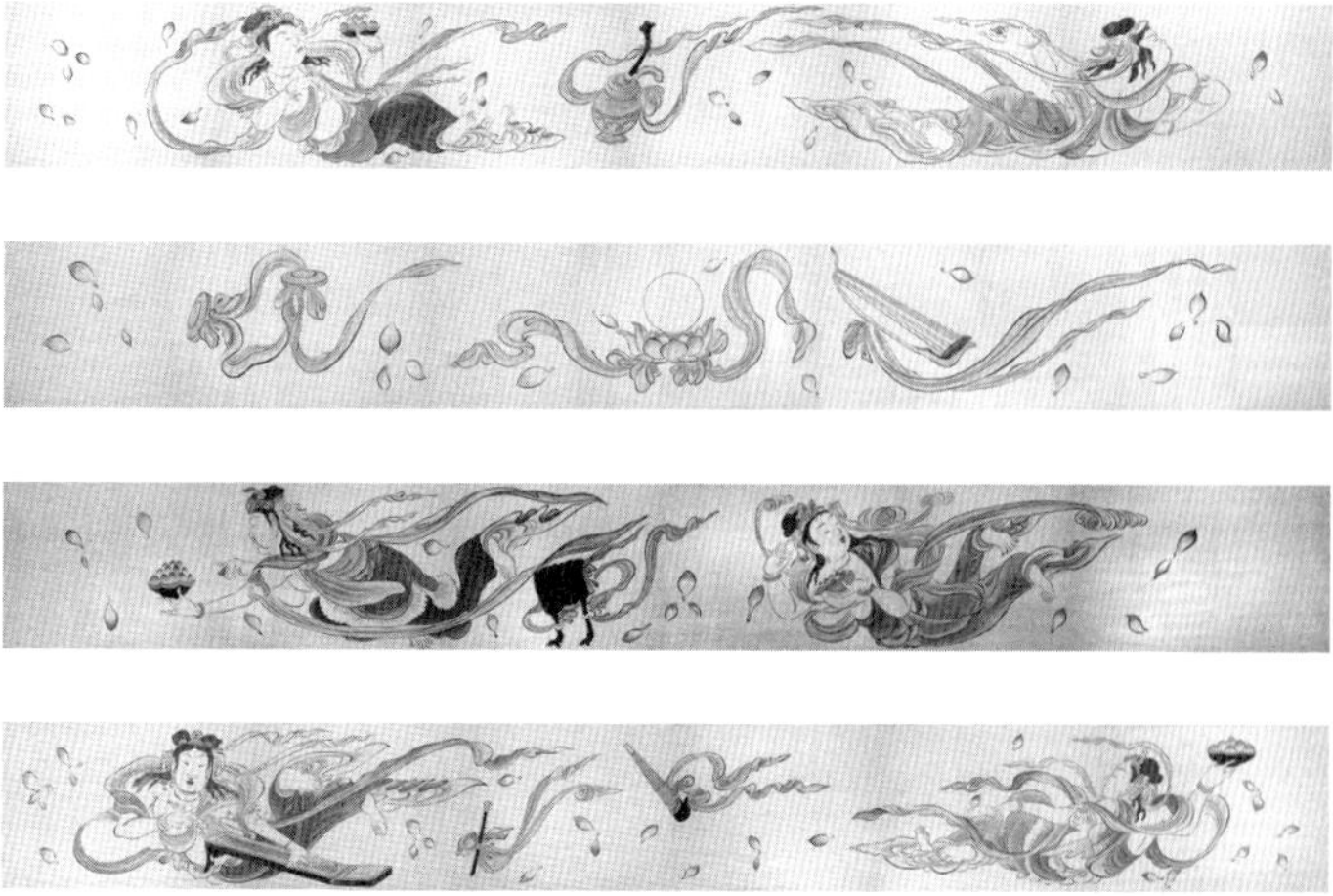

四天柱筋上小壁　上から、東面、南面、西面、北面

参拝する人々が、太子堂に納められている本作品を階段下から見上げると、槍鉋で表面処理をした画面の釈迦の金泥が乱反射をして浮かび上がるように見えたのではないかと想像します。それは、言葉よりも説得力のある伝え方だったに違いありません。描き手が、限られた材料を用いていかに観覧する側の気持ちを掴むのかは、画面上での様々な試行錯誤の工夫によるものだと思います。

本作品は、卓越した線描の素晴らしさに注目が集まりがちですが、総合的に見ても観覧者側の視点を一番に考慮した優れた名品であると言えるでしょう。

最後に結論として、現時点における一つの作例として提示することができたのではないかと思います。太子堂の作品のように黒変してしまった画面上から、制作当初どのような姿であったのかを想起することは非常に困難であり、また、ここに絵が描かれていることが確認されてからも赤外線写真の画像からでしか議論できないのが現状でありました。今回、研究する機会を頂き、これまでの調査に蛍光X線調査を加え、日本画家としての経験に基づき想定復元模写を製作することは、これまでにない研究であったと思います。なお、未だ解明に至らなかった問題点も多々ありましたが、今後の課題としたいと思います。今回の想定復元模写における成果によって、今後の日本美術の研究においての一助となることを願います。

〈参考文献〉

岡崎譲治「鶴林寺太子堂の壁画—奈良国立博物館調査概報—」『月刊　文化財１５３』第一法規出版、一九七六年
高野山文化財保存会編『国宝応徳涅槃図の研究と保存』東京美術、一九八三年
有賀祥隆『平安絵画』（日本の美術２０５）至文堂、一九八三年
西岡常一『木に学べ　法隆寺・薬師寺の美』小学館、一九八八年
泉武夫『絵は語る２　仏涅槃図—大いなる死の造形—』平凡社、一九九四年
高野山霊宝館『国宝　仏涅槃図—応徳三年銘—』一九九九年
渡邊明義『古代絵画の技術』（日本の美術４０１）至文堂、一九九九年

安嶋紀昭「絵画による空間の聖別―鶴林寺隊始動内部の荘厳画」『聖なるものの形と場 FIGURES AND PLACES OF THE SACRED―国際シンポジウム第18集―』国際日本文化研究センター、二〇〇三年
馬渕久夫・杉下龍一郎・三輪嘉六・沢田正昭・三浦定俊編『文化財科学の事典』朝倉書店、二〇〇三年
刀田山鶴林寺編『鶴林寺太子堂とその美』（鶴林寺叢書）法蔵館、二〇〇七年
林温「鶴林寺太子堂内陣荘厳の意想―東北柱画の孔雀騎乗像について―」『仏教芸術296』毎日新聞社、二〇〇八年
東京藝術大学大学院保存修復日本画研究室『日本画　名作から読み解く技法の謎』世界文化社、二〇一四年
有賀祥隆『日本絵画史論攷―紺丹緑紫抄』中央公論美術出版、二〇一七年

あとがき

聖徳太子がお亡くなりになって、二〇二二年は一四〇〇年という節目にあたります。播磨学研究所では、特別講座「聖徳太子と播磨」をその記念すべき年に開催することになりました。ただし、太子の没年は、『日本書紀』では推古天皇二十九年（六二一）二月五日、『上宮聖徳法王帝説』では推古天皇三十年（六二二）二月二十二日とされています。生年は『上宮聖徳法王帝説』によれば敏達天皇三年（五七四）ですから享年は四十八歳、あるいは四十九歳になります。

聖徳太子は、多くの伝説に包まれた人物です。聖徳太子という名前の人物が歴史上に存在したのか、しなかったのか、そうした議論のあることもよく知られています。その聖徳太子とのゆかりを伝える寺院が、播磨にはいくつもあります。著名な寺院として、太子町の斑鳩寺、そして、加古川市の鶴林寺をあげることができます。古くは、明石市魚住の遍照寺を加えて、播磨における太子ゆかりの三霊場とされていたそうです。太子への信仰は、こうした寺々の活動に支えられて地域社会に浸透し、各地に聖徳太子ゆかりの文化財が伝承されることになりました。

この特別講座は別記のとおり九講により構成され、播磨と聖徳太子の結びつきを明らかにすることを基本的な視点としました。内容は太子の人物像、彫像と絵伝（伝記）、太子信仰の受容と展開、地域の太子信仰に大別されます。それぞれの詳しい内容については、本文をお読みいただきたいと思います。当初、この講座は九講ではなく十講での開催を予定していました。別記と比較していただくと、本書には講座になかった、高木かおり氏の「「鶴林寺太子堂荘厳画」の芸術性の回復―想定復元模写を通して―」が掲載されています。諸般の事情から日程の調整をすることができず、高木氏に姫路で御講演いただくことができませんでした。そこで、高木氏には御講演をイメージして内容をまとめていただきました。厚く御礼を申し上げます。

これまで、播磨の聖徳太子に関する研究は斑鳩寺・鶴林寺を中心に展開し、播磨を視点に総合的に捉えてみようとする研究はありませんでした。この度の特別講座の開催によって、聖徳太子の日本歴史の中における位置づけが示され、斑鳩寺と鶴林寺の太子信仰の特質と相違を明らかにし、信仰を背景に生み出されていった多くの文化財の集成が進められたことは、播磨の太子信仰の実像を窺ううえで有意義なことでした。ただ、播磨において聖徳太子信仰はどのように展開していったのか、具体的でより精細な研究はこれからの課題として残されました。三百人にちかい方が受講されておりましたので、お住まいになられているところに聖徳太子ゆかりの伝説や史跡があるかどうか、お調べいただければと思ったりいたします。

特別講座の開催にあたりましては、講師の任をお引き受けいただいた方々、文化財を所蔵される関係機関、また、姫路市、姫路市文化国際交流財団、兵庫県立大学、播磨広域連携協議会、神戸新聞社、加古川市、太子町の皆様に御協力をいただきました。

播磨学研究所では、一九八八年以降、播磨学特別講座と題した公開講座を開催し、講義録を刊行してきました。講義録は、本書で二十九冊目を数えることになります。本書の編集・出版にあたりましては、神戸新聞総合出版センターにお世話になりました。御礼申し上げます。
いつも思うことですが、この特別講座は多くの方の御支援と御理解をいただいて開催できております。今後におきましても、播磨の歴史が少しでも身近になることを目指して取り組んでまいりたいと思っておりますので、皆様どうかよろしくお願い申し上げます。

二〇二三年九月
播磨学研究所所長　小栗栖健治

【別記】（敬称略）
五月一四日　第一講　聖徳太子の人物像と太子信仰　東野治之
五月二八日　第二講　播磨地域の聖徳太子像について　石川知彦
六月二五日　第三講　播磨の聖徳太子絵伝　村松加奈子
七月九日　第四講　鼎談　播磨の太子信仰―斑鳩寺と鶴林寺　大谷康文　吉田実盛　小栗栖健治
九月一〇日　第五講　法隆寺領鵤庄と聖徳太子信仰　田村三千夫
九月二四日　第六講　鶴林寺と聖徳太子信仰　宮本佳典
一〇月八日　第七講　聖徳太子信仰の展開と特色　吉田一彦
一〇月二二日　第八講　播磨の聖徳太子伝説　小栗栖健治
一一月五日　第九講　聖徳太子のこころ　古谷正覚

小栗栖 健治　おぐりす けんじ
1954年生まれ。神戸女子大学古典芸能研究センター客員研究員、播磨学研究所所長。大谷大学大学院修士課程修了、博士（文学）。兵庫県立歴史博物館館長補佐を経て現職。専門は日本文化史。著作／『宮座祭祀の史的研究』（岩田書院、2005年）、『熊野観心十界曼荼羅』（同、2011年）、『地獄絵の世界』（河出書房新社、2013年）、『地獄絵図「熊野観心十戒曼荼羅」絵解台本』（方丈堂出版、2014年）、『播磨の妖怪たち』（共著、神戸新聞総合出版センター、2001年）、『播磨の民俗探訪』（同、2005年）ほか。

古谷 正覚　ふるや しょうかく
1948年生まれ、1957年得度。法隆寺管長。龍谷大学文学部仏教科卒業、高野山大学大学院文学研究科修士課程仏教学専攻中退。法隆寺文化財保存事務所長、聖徳宗宗務長・法隆寺執事長を経て、2020年聖徳宗管長・法隆寺住職に就任。著作／『たずねる・わかる聖徳太子』（共著、淡交社、2020年）ほか。

高木 かおり　たかぎ かおり
1976年生まれ。日本画家。日本美術院院友。東京藝術大学大学院博士後期課程美術研究科文化財保存学専攻保存修復日本画修了、博士学位取得。研究作品、刀田山鶴林寺奉納（2009年）、刀田山鶴林寺太子堂壁画「九品来迎図」依頼制作、刀田山鶴林寺奉納（2010年）、刀田山鶴林寺太子堂四天柱及び小壁　依頼制作、刀田山鶴林寺奉納（2012年）。

吉田 実盛　よしだ じっせい
1961年生まれ。鶴林寺真光院住職。龍谷大学文学部仏教学科卒業、龍谷大学大学院文学研究科仏教学専攻博士課程満期退学。兵庫女子短期大学教授、兵庫大学短期大学部保育科学科長、兵庫大学宗教室長を経て、叡山学院教授、宗教教誨師、鶴林寺宝物館学芸員を務める。著作／『加古川市寺院総鑑』（兵庫大学短期大学部、2000年）、『わかりやすい仏教保育総論』（チャイルド本社、2004年）、「罪と懺悔」（『日本仏教学会年報』83、2018年）ほか。

田村 三千夫　たむら みちお
1962年生まれ。太子町立歴史資料館館長。熊本大学大学院文学研究科修士課程修了。太子町教育員会（文化財担当）、太子町立歴史資料館学芸員を経て現職。法隆寺領播磨国鵤荘荘園調査、兵庫県教育委員会の民俗調査、姫路市の三ツ山祭礼調査・飾磨津祭礼調査等に参加。著作／「太子町の絵馬について」（『太子町立歴史資料館館報』6、2003年）、「鵤荘周辺の雨乞いについて」（『播磨国鵤荘現況調査報告総集編』、2004年）ほか。

宮本 佳典　みやもと よしのり
1963年生まれ。加古川市教育委員会文化財調査研究センター副所長。関西大学文学部史学地理学科卒業。加古川市役所総合文化センター準備室、加古川総合文化センター（学芸員）を経て現職。著作／「俊乗房重源の足蹟（一）播磨浄土寺とその周辺」（『仏像を旅する―山陽線』至文堂、1991）、「丹南町を代表する仏像・神像」「中世の仏教美術」（『丹南町史』上巻、1994年）ほか。

吉田 一彦　よしだ かずひこ
1955年生まれ。名古屋市立大学特任教授。上智大学大学院文学研究科博士後期課程満期退学、博士（文学）。名古屋市立大学教授・副学長等を経て現職。日本古代史・日本仏教史を専攻。著作／『日本古代社会と仏教』（吉川弘文館、1995年）、『仏教伝来の研究』（同、2012年）、『民衆の古代史』（風媒社、2006年）、『『日本書紀』の呪縛』（集英社新書、2016年）、『変貌する聖徳太子』（編著、平凡社、2011年）『神仏融合の東アジア史』（編著、名古屋大学出版会、2021年）ほか。

◎執筆者紹介（掲載順）

東野 治之　とうの はるゆき
1946年生まれ。武田科学振興財団杏雨書屋館長、斑鳩町文化財活用センター長、奈良大学・大阪大学名誉教授。大阪市立大学大学院修士課程修了、東京大学博士（文学）。奈良国立文化財研究所文部技官、奈良大学文学部教授、大阪大学文学部教授を経て現職。日本学士院会員。著作／『上宮聖徳法王帝説』（岩波文庫、2013年）、『聖徳太子—ほんとうの姿を求めて』（岩波ジュニア新書、2017年）ほか。

石川 知彦　いしかわ ともひこ
1959年生まれ。龍谷大学龍谷ミュージアム副館長、龍谷大学教授。神戸大学大学院文学研究科修士課程芸術学芸術史専攻修了。大阪市立美術館学芸課研究副主幹、相愛大学人文学部非常勤講師、龍谷大学龍谷ミュージアム勤務を経て現職。著作／『聖徳太子と四天王寺』（監修･共著、法蔵館、2021年）、「三井寺観音堂と那智山青岸渡寺の本尊をめぐって」（『熊野学研究』第8号、2020年）ほか。「ほとけと神々大集合　岡山・宗教美術の名宝」等の企画展覧会を担当。

村松 加奈子　むらまつ かなこ
1979年生まれ。龍谷大学龍谷ミュージアム学芸員、龍谷大学准教授。名古屋大学大学院文学研究科博士後期課程満期退学。専門は中世の仏教説話画、現職では日本の仏教に関する展覧会を担当。著作／「中世聖徳太子絵伝にみる三国伝来観—鶴林寺本聖徳太子絵伝をめぐって」（『美術史』169号、2010年）、「四天王寺所蔵二幅本聖徳太子絵伝」（『國華』1408号、2013年）ほか。

大谷 康文　おおたに こうぶん
1951年生まれ。前斑鳩寺住職。千葉大学工学部、叡山学院研究科卒業。平成11年（1999）から令和4年（2022）まで斑鳩寺住職、令和3年（2021）まで保護司を務める。神戸新聞に「境内雑感」（2019年5月～2022年8月）を連載執筆。

聖徳太子《しょうとくたいし》と播磨《はりま》

2023年11月10日　初版第1刷発行

編者——播磨学研究所
〒670-0092　姫路市新在家本町1-1-22
兵庫県立大学内　　TEL 079-296-1505

発行者——金元昌弘
発行所——神戸新聞総合出版センター
〒650-0044　神戸市中央区東川崎町1-5-7
TEL 078-362-7140 ／ FAX 078-361-7552
https://kobe-yomitai.jp/
編集／のじぎく文庫
装丁／神原宏一
印刷／神戸新聞総合印刷

ISBN978-4-343-01200-5 C0021